Estrid Bengtsdotter / Lotta Kühlhorn

Putzen mit Pep

Aus dem Schwedischen von Dagmar Lendt

Ehrenwirth

Ehrenwirth ist ein
Imprint der
Verlagsgruppe Lübbe

Übersetzung aus dem Schwedischen von Dagmar Lendt
Titel der schwedischen Originalausgabe: STÄDA!

Für die Originalausgabe:
Copyright Text © 2000 by Estrid Bengtsdotter
Copyright Illustrationen © 2000 by Lotta Kühlhorn
Published by arrangement with Salomonsson Agency

Für die deutschsprachige Ausgabe:
Copyright © 2003 by Verlagsgruppe Lübbe GmbH & Co. KG,
Bergisch Gladbach

Umschlaggestaltung: www.coverdesign.net
Satz: Kremerdruck GmbH, Lindlar-Hartegasse
Gesetzt aus der ITC Officina Sans
Druck und Einband: Friedrich Pustet, Regensburg

Printed in Germany
ISBN 3-431-03487-X

5 4 3 2 1

Sie finden uns im Internet unter:
http://www.luebbe.de

»Es war wunderbar, wieder putzen zu dürfen. Sie wusste genau,
wo der Staub sich versteckt hatte, weich und grau und selbstzufrieden
hatte er sich in den Ecken niedergelassen. Sie scheuchte jede einzelne
Wollmaus auf, die sich groß und dick und voller Haare zusammen-
gerollt hatte und glaubte, sie sei in Sicherheit, haha! Mottenlarven,
Spinnen und Tausendfüßler, Gekribbel und Gekrabbel aller Art wurden von Filifjonkas großem Besen zusammengekehrt, und jetzt kamen
herrliche Fluten von heißem Wasser und Seifenflocken und spülten alles
hinweg, es war nicht wenig, was Eimer für Eimer durch die Tür
nach draußen verschwand, es war wirklich eine Freude zu leben.«

AUS »HERBST IM MUMINTAL« VON TOVE JANSSON, ARENA VERLAG

Inhalt

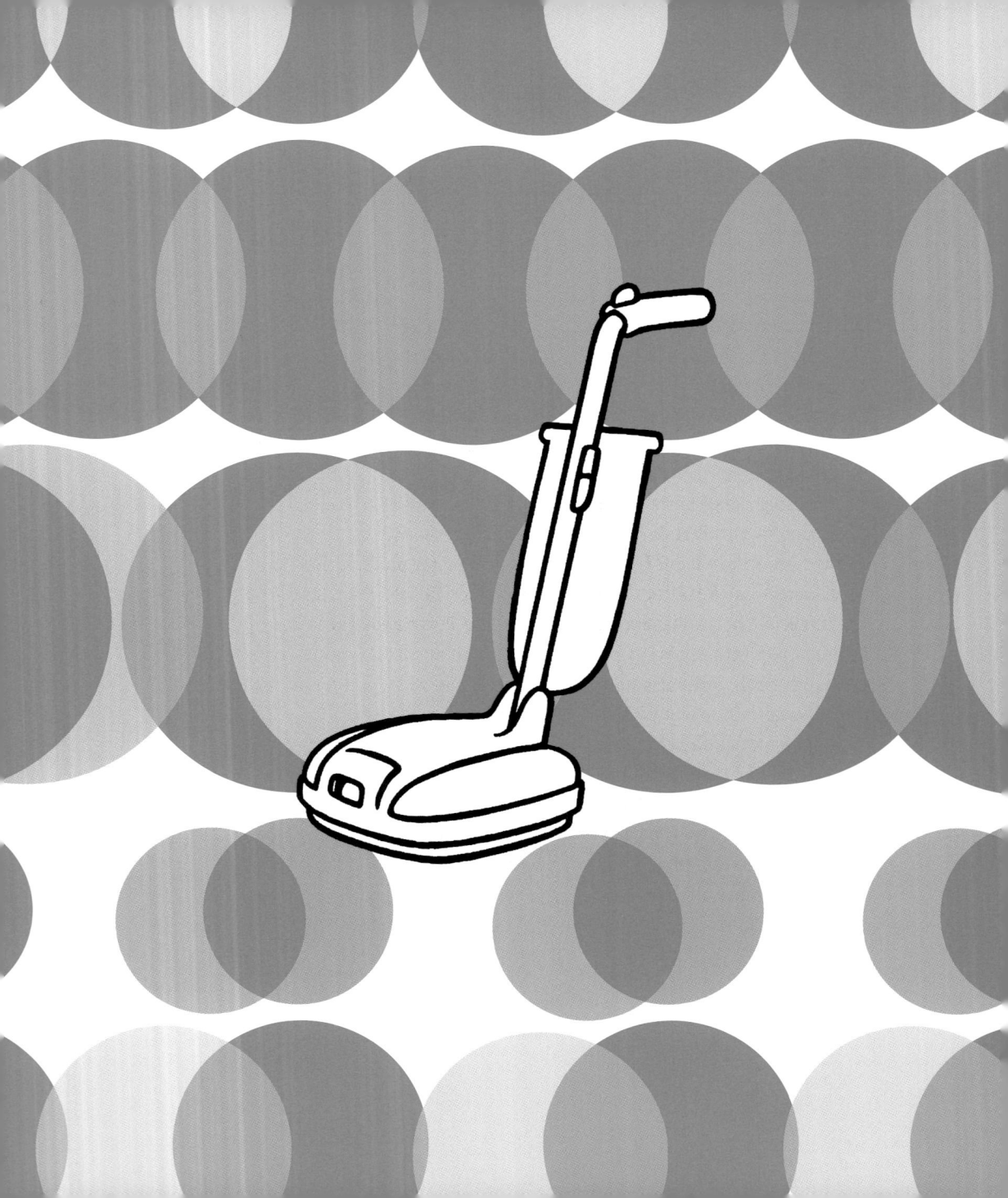

Putzlust

»Lust« ist normalerweise kein Begriff, den man mit dem Putzen verbindet – allenfalls mit dem Resultat. Spaß am Putzen ist wohl eher etwas, wofür man sich schämen sollte. Wer will schon als mustergültig gelten oder pedantisch? Doch nur die Sorte Mensch, die niemand zum Freund oder als Eltern haben möchte; einer, der den Scheuerlappen einem Lachen vorzieht.

Aber sogar die Putzfaulsten unter uns haben sicher schon mal ein vages Gefühl von Freude verspürt, so eine Art seelisches Großreinemachen, wenn wir in der Frühlingssonne die Fenster putzen. Und zwar nicht wegen des Resultats, sondern wegen der Tätigkeit an sich. Als das schwedische Landesamt für Statistik die Putzgewohnheiten der Bevölkerung untersuchte, zeigte sich, dass die meisten dann putzen, wenn sie frisch verliebt sind und die neue Liebe zu Besuch erwartet wird. Das spricht ja wohl für sich! (Aber vielleicht sollte man das eher als Vorspiegelung falscher Tatsachen betrachten, etwa so wie das Tragen von Schaumgummipolstern im BH.)

Sich selbst, die neue Liebe, die Familie oder die Freunde in eine Wohnung einzuladen, die nach Kernseife duftet und keine wüsten Haufen von Dingen beherbergt, die eigentlich ganz woanders liegen sollten, ist durchaus mit der Einladung zu einem wunderbaren Festmahl zu vergleichen. Und der Weg zu einem guten, aufgeräumten Gastgeber

9

ähnelt in vielerlei Hinsicht der Entwicklung zum Virtuosen am Herd. Mit der Zeit gelingen einem richtig gute Menüs, die die Gäste wirklich begeistern; das Selbstvertrauen in die eigenen Kochkünste wächst, und schließlich leistet man sich eines dieser wahnsinnig teuren japanischen Kochmesser. Man ist reif für die kulinarischen Leckerbissen der hohen Schule, Rezepte mit dreißig und mehr Zutaten. Die Küchenarbeit ist selbst zu einem Vergnügen geworden, nicht minder genussvoll als das Resultat.

Man könnte auch Parallelen zum Fitnesstraining entdecken: Den meisten Leuten macht es mehr Spaß, wenn sie eine Menge Geld in die Mitgliedschaft in einem Fitnessclub und in teure Schuhe investiert haben. Mehr Spaß jedenfalls, als ihre Gymnastikübungen einsam vor dem Fernseher zu absolvieren. (Es gibt noch eine weitere Verwandtschaft zwischen Gymnastik und Putzen: Wissenschaftler der Universität Adelaide, Australien, haben kürzlich herausgefunden, dass Putzen ebenso gesund fürs Herz ist wie das Training im Fitnesscenter oder das Schwimmen.)

SCHÖNES PUTZEN Werfen Sie mal einen Blick in ihren Putzschrank: Wann haben Sie sich zuletzt einen richtig schönen Schrubber gekauft? Macht es Ihnen wirklich Spaß, zum Fensterputzen die ausrangierten, ausgeleierten, verfärbten Skiunterhosen anzuziehen? Alles rund ums Putzen kann – und sollte auch – ästhetisch ein. Wie sonst soll man sich dabei wohl fühlen? Wenn Kleidung und Utensilien richtig ansprechend sind, können sie auch da bleiben, wo sie gebraucht werden: in Reichweite nämlich, und nicht versteckt in irgendeinem Besenschrank. Auch beim Putzen geht es um die richtigen Voraussetzungen.

Putzen hat etwas Beruhigendes, finde ich. Man schafft sich eine gepflegte Umgebung und denkt: Ich habe keinen besonderen »Angriffsplan«, wenn ich putze. Ich will nur, dass alles sauber und schön sein soll. Wenn ich keine Zeit habe, richtig zu putzen, räume ich wenigstens auf, damit die Wohnung harmonisch aussieht.

TOMAS TENGBY, JOURNALIST, FERNSEHMODERATOR UND PEDANT

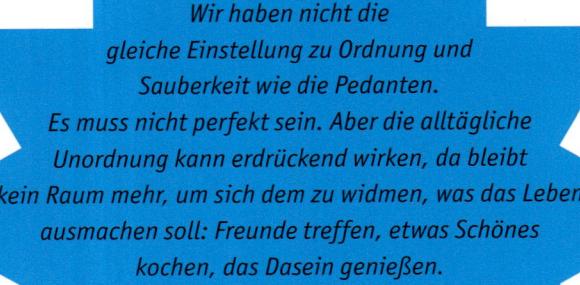

Wir haben nicht die gleiche Einstellung zu Ordnung und Sauberkeit wie die Pedanten. Es muss nicht perfekt sein. Aber die alltägliche Unordnung kann erdrückend wirken, da bleibt kein Raum mehr, um sich dem zu widmen, was das Leben ausmachen soll: Freunde treffen, etwas Schönes kochen, das Dasein genießen.

SUSANNE LILJENBERG UND ANETT JORMEUS, GRÜNDERINNEN VON »GRANIT«, DER BOUTIQUE FÜR ORDNUNG UND AUFBEWAHREN

Zu den guten Voraussetzung zählt auch Zeit. Und zwar Zeit, die Sie einzig und allein zu dem *einen* Zweck eingeplant haben, Ordnung ins Chaos zu bringen. Mit angenehmer Musik im Hintergrund und einer hübschen Belohnung für Sie selbst, wenn Sie es geschafft haben. Dann kann schon die Arbeit an sich zu einer Art Meditation werden – zu einer Atempause, in der man den Blick nach innen wendet, auf die eigenen Ziele, während man Arbeiten verrichtet, die den Körper fordern und wohlig müde machen.

Voraussetzungen schaffen

Eine Grundvoraussetzung ist natürlich eine Wohnung, die so einfach wie möglich zu putzen ist. An der Einrichtung lässt sich vielleicht nicht ohne weiteres etwas ändern, insbesondere wenn man beengt wohnt und kaum Stauraum hat. Wenige Möbel und die lieber auf Füßen als auf Sockeln, möglichst wenig Kabel und Teppiche, die auf dem Boden liegen, machen das Putzen zweifellos einfacher, aber man hat ja nun mal die Wohnung, die man hat. Obwohl man oft betriebsblind geworden ist und keinen Blick mehr dafür hat, ob man all das Zeug, das sich angesammelt hat, wirklich braucht. Andere – Ordnung schaffende – Einrichtungsdetails haben Sie vielleicht noch nicht gekauft, vielleicht haben Sie nicht mal eine Ahnung davon, dass es sie gibt.

Beginnen Sie mit einer kritischen Bestandsaufnahme. Alte hässliche Läufer können auf den Müll und müssen vielleicht nicht einmal ersetzt werden. Das Bett könnte neue, höhere Füße bekommen, damit Sie keine akrobatischen Verrenkungen mehr machen müssen, um darunter Staub zu saugen. Ein Schuhregal im Flur reduziert den Platz, die Ihre Schuhsammlung beansprucht, und macht es einfacher, darunter zu putzen. Ohne Sie zu ruinieren. Vielleicht bleibt noch Geld für etwas übrig, worauf man Mützen und Handschuhe legen kann, und für Schub-

ENTRÜMPELN UND ERNEUERN

15

laden, in die sich Schlüssel, Busfahrpläne, Kleiderbürsten und Schuputzzeug verstauen lassen.

Der Einrichtungsguru Terence Conran gibt jedem, der seinen Rat will, den Tipp, sämtliche Sachen aus der Wohnung nach draußen zu räumen und nur das wieder hineinzutragen, was man braucht oder unbedingt behalten will.

AUFBEWAHREN UND VERSTECKEN Die einfachste Art, so etwas wie eine Grundordnung zu halten, ist wohl die Devise »Jedes Ding an seinen Platz«. Auch wenn sich das extrem langweilig anhört – zeitsparend ist es auf jeden Fall. Plastik- und Drahtkörbe in unterschiedlichen Größen, Ausführungen und Preisklassen sind wunderbare Erfindungen. Und man kann sie überall verwenden: im Schrank für Strümpfe und Unterwäsche, in der Speisekammer für alle möglichen Backzutaten, auf dem Gewürzregal, um den Domino-Effekt zu vermeiden. Und im Badezimmer brauchen Sie nur ein Körbchen anzuheben, um unter allen Shampooflaschen durchwischen zu können.

Sogar den Stauraum unter der Spüle kann man so übersichtlich gestalten, dass er leicht sauber zu halten ist. Warenhäuser, Haushaltswarenläden und Baumärkte halten ein großes Angebot an Aufbewahrungslösungen bereit. In den USA und in London gibt es richtige Einrichtungstempel, falls Ihr Weg Sie dort vorbeiführt.

SEIEN SIE REALISTISCH Ihr neues Leben als Frau oder Herr Saubermann sollten Sie also damit beginnen, dass Sie Ihre Einrichtung überdenken und Ihre Garderobe, Schränke und Schubladen ausmisten. Glauben Sie mir: Sie ziehen einen

Pullover, den Sie zwei Jahre lang nicht getragen haben, nicht mehr an. Nicht mal beim Putzen. Was übrig bleibt, sollte einen festen Platz bekommen, nachdem Sie Ihren Bedarf an Stauraum kalkuliert und einige möglichst attraktive und praktische Neuinvestitionen getätigt haben.

Überlegen Sie, wo sich Ihre »Haufen« für gewöhnlich bilden. Denken Sie nach, was Sie anschaffen können, damit die Haufen etwas ordentlicher aussehen: einen Korb für alte Zeitungen, eine Schale im Flur für Schlüssel, Sonnenbrillen, Kleingeld oder was sonst noch meistens auf dem Tisch herumliegt; ein hohes Gefäß für alle Stifte und Scheren; einen Korb im Schlafzimmer, falls Sie Ihre Strümpfe lieber auf den Boden werfen statt sie gleich in den Schmutzwäschekorb zu tun. Wieso stellen Sie nicht einen kleinen Wäschekorb in jedem Schlafzimmer auf?

Wussten Sie, dass es kleine Kabelschellen gibt, mit denen Sie Kabel an den Fußleisten befestigen können? In vielen Heimwerkerläden finden Sie auch farbige Plastikbänder, mit denen man die Kabel zusammenbinden kann, die hinter dem Fernseher herunterhängen. Für das Arbeitszimmer gibt es verschiedene Lösungen: Tunnel oder Röhren oder wie immer man das nun nennen will, durch die man alle Computerkabel und das Kabel der Schreibtischlampe ziehen kann. Dann sieht es wenigstens wie ein ordentlicher Strang aus und nicht wie ein wirres Knäuel.

KABELSALAT BÄNDIGEN

Ein Bett auf hohen Füßen erleichtert Ihnen nicht nur das Putzen darunter. Wenn Sie wenig Stauraum haben, bietet es Ihnen auch einen extra Aufbewahrungsplatz. Besorgen Sie sich flache Kästen mit Deckel, damit der Inhalt nicht staubig wird, vorzugsweise mit einem Handgriff und Rollen darunter, sodass Sie sie leicht unter dem Bett hervorziehen können.

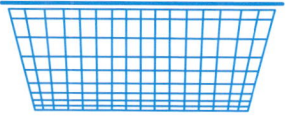

Barbiekleider	Karten	Schienen
Div. Kartensammlungen 1	Bälle	Schatzsammlungen
Div. Kartensammlungen 2	Große Bälle	Schminke
Div. Kartensammlungen 3	Lego	Schmuck
Duplo	Puppenmahlzeiten	Schnüre
Haarspray u. –bänder	Plastikfiguren	Elektronikzeugs
Puppengeschirr	Glanzbilder	Videokassetten

Sehen Sie die Spielsachen der Kinder durch. Werfen Sie weg, was kaputt ist, und verschenken Sie alles, womit sie doch nicht mehr spielen. Packen Sie die Teile mit großem Erinnerungswert zusammen und verstauen Sie sie auf dem Dachboden. Es gibt kein Zimmer, das so viel Regale braucht wie das Kinderzimmer, und doch sind meist gerade dort kaum Aufbewahrungsmöglichkeiten vorhanden. Bestücken Sie eine ganze Wand mit festen Regalen, die ausreichend tief und stabil sind. Besorgen Sie geräumige Kisten und versehen Sie sie mit Etiketten. Dann macht nicht nur das Putzen mehr Spaß, sondern auch das Aufräumen nach dem Spielen. Stellen Sie viele Buchstützen auf, außerdem Sammelboxen für Lego-Baupläne, Comic-Hefte und Zeitschriften sowie für Computerspiele. Sorgen Sie dafür, dass genug Platz für die »Schatzsammlungen« der Kinder bleibt, und bringen Sie für jedes Kind eine Pinnwand an. Eine Reihe von Haken an der Wand eignet sich gut, um dort Springseile, Schwerter und Kleidungsstücke anzuhängen, die sonst auf dem Fußboden landen.

FANTASIE

Stellen Sie im Badezimmer Schalen sowie größere und kleinere Körbe auf. Bringen Sie, falls nötig, weitere Haken an. Und natürlich Schränke und Regale. Stellen Sie eine kleinere Schale auf die Waschmaschine, falls das der Ort ist, wo Ihre Haarspangen für gewöhnlich zwischengelagert werden.

Gehen Sie Ihre Küchenschränke durch und verschenken Sie alles, was Sie doch nie benutzen, an die Heilsarmee. Kontrollieren Sie das Verfallsdatum von Tüten und Konserven und werfen Sie alte Lebensmit-

MITTEL UND ZWECK

tel in den Müll. Finden Sie passende Behälter für rieselnde Mehltüten und die supergünstige Großfamilien-Plastikpackung Reis. Sortieren Sie Ihre Zutaten und ordnen Sie das, was ganz oben im Schrank steht, in beschriftete Plastikkörbe. Dann müssen Sie nicht jedes Mal auf einen Stuhl steigen, wenn Sie etwas suchen, und außerdem macht es das Putzen einfacher.

Und schaffen Sie sich einen Eimer für den Müllbeutel an – es ist wirklich unglaublich, wie viele Menschen sich jahrelang damit begnügen, ihren Müll in eine Plastiktüte am Haken in der Ecke zu stopfen. Befestigen Sie an der Innenseite der Tür unter der Spüle einen kleineren Eimer, dann können Sie beim Abwaschen die Essensreste dort entsorgen.

Überlegen Sie jetzt, wo Sie gerade in Putzstimmung sind, was Sie immer schon geärgert hat. Wahrscheinlich fällt Ihnen noch viel mehr ein.

Ausrüstung

Wenn man gerade den richtigen Schwung bei der Arbeit hat, ist es frustrierend festzustellen, dass einem etwas Wichtiges fehlt, um weiterarbeiten zu können. Genauso ist es beim Putzen. Hat man keinen Scheuerlappen zur Hand, erliegt man leicht der Versuchung, irgendein altes T-Shirt zu nehmen. Aber das ist weder praktisch, noch macht es besondere Freude, damit zu putzen.

Die Anschaffung einer guten Putzausrüstung klingt vielleicht nicht gerade nach einem aufregenden Erlebnis, aber letztlich ist auch das eine Frage der Vorgehensweise. Man könnte beispielsweise auf Schnäppchenangebote bei Schrubbern lauern, oder man lässt sich von der Vorstellung eines der Putz-Propagandisten vor den Kaufhäusern überzeugen. Man kann in Farbenläden und kleinen Haushaltswarengeschäften auf Erkundungstour gehen und etwas kaufen, was man im Moment noch gar nicht braucht. Ich selbst kaufe Putzutensilien allerdings am liebsten als Souvenirs; Schwämme in außergewöhnlichen Farben und Flaschen mit exotischen Etiketten finden regelmäßig Platz in meinem Koffer, wenn ich im Ausland bin. Irgendwie macht es mehr Spaß, einen Schwamm mit ausländischen Poren zu benutzen. Und obwohl Schmierseifenduft einer der wunderbarsten Düfte der Welt ist, kann es Gelegenheiten geben, wo einem das Put-

23

zen mit amerikanischer Fliesenpaste oder spanischem Spray passer -
der erscheint.

Von dieser Art Souvenirs hat man ja sowieso nicht lange etwas. Sie
verbrauchen sich. Hat man eine ausreichende Menge angesammelt,
finden sie keinen Platz mehr im Putzschrank, und spätestens dann
merkt man, dass man sie umso häufiger verwendet, je schneller man
sie zur Hand hat. Von dieser Erkenntnis angespornt, kann man sich einen hübschen Besen samt Kehrschaufel anschaffen, die ihren Platz in
Flur und/oder Küche finden. Sie werden merken, wie zeitsparend es
ist, wenn Sie dem Dreck sofort zu Leibe rücken, bevor noch der fettige
Schmutzrand in der Badewanne Zeit hat anzutrocknen oder sich der
Sand vom Kiesweg in der ganzen Wohnung verteilt. Schöne Putzgerät-
schaften können sogar zu Einrichtungsgegenständen werden.

Ich finde es wichtig, dass man richtig sauber macht und sich nicht selbst beschummelt. Dass man nicht mit dem Staubsauger pfuscht, sondern weiß, dass man auch feucht wischen muss. Dass man keine Wollmäuse in den Ecken zurücklässt. Und dann finde ich, dass es gut riechen muss. Am liebsten nach Zitrone.

AMELIA ADAMO, DIE DAS PUTZEN ERNST NIMMT.
IHRE MUTTER WAR EXPERTIN DARIN.

Fraîcheur longue durée
Frescura que Dura

WAS MAN HABEN MUSS

STAUBSAUGER mit allen Staubsaugerdüsen

LAPPEN – darunter wenigstens ein Mikrofasertuch

SCHWÄMME – mit und ohne Scheuerseite

WURZELBÜRSTE mit und ohne Stiel

ZAHNBÜRSTE

KLOBÜRSTE

EIMER – mindestens einen großen
   und einen kleinen

SCHMIERSEIFE

ALLZWECKREINIGER

SCHEUERMILCH – z.B. Viss

ABFLUSSREINIGER

STAHLWOLLE-KISSEN – z.B. Ako-Pads

FUSSBODENREINIGER

GLASREINIGER

FENSTERSCHEIBENABZIEHER

TEPPICHKLOPFER

LEITER

SPEZIALPFLEGEMITTEL, z.B. für antike Möbel,
   Ledermöbel

LUXUSAUSRÜSTUNG

SPRÜHFLASCHEN – platziert an den Stellen, wo man öfter sauber macht, und gefüllt mit entsprechenden Mitteln.

HANDFEGER MIT KEHRSCHAUFEL – dort platziert, wo der meiste Krümelschmutz anfällt.

MEHRERE STAUBSAUGER, wenn die Wohnung mehrere Etagen hat.

SPEZIALPUTZMITTEL für bestimmte Zwecke: WC-Reiniger, Kalkentferner, Fliesenpaste, Herdplattenreiniger, Putzmittel für Glaskeramik und Edelstahl sowie, falls nötig, für Kupfer und Silber.

Der größte Luxus ist natürlich, wenn man so viel Platz hat, dass man sich einen richtigen PUTZWAGEN leisten kann!

LUSTAUSRÜSTUNG

EIMER, die man nur gekauft hat, weil einem die Farbe gefiel.

GUMMIHANDSCHUHE in einer hübscheren und teureren Ausführung als unbedingt nötig.

SCHÖNE SCHÜRZEN

PUTZHANDSCHUHE, genäht aus Mikrofasertüchern.

REINIGUNGSMITTEL, die man sich nur wegen der schönen Verpackung angeschafft hat.

SCHWÄMME, die so edel sind, dass man sie eigentlich gar nicht schmutzig machen möchte – kaufen Sie mehrere!

WISCHLAPPEN aus altmodischem Waffeltuch, die zwar wenig Flüssigkeit aufsaugen, aber so schön sind, dass man sie einfach haben muss.

KALTE GETRÄNKE

MUSIK

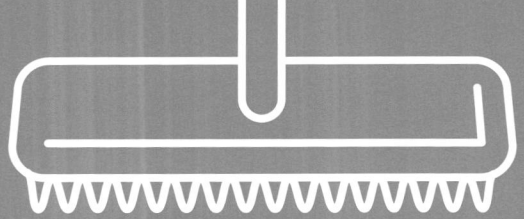

Falls die Wohnung sich über zwei Etagen erstreckt, ist es von großem Vorteil, wenn man sich einen Teil der Putzutensilien in doppelter Ausführung zulegt, nämlich solche, die man täglich braucht, wie Staubtuch, Wischmopp und Eimer.

DAS EINMALEINS DER GUTEN HAUSFRAU, 1950

WAS BRAUCHT MAN WOFÜR?

SCHMIERSEIFE eignet sich für beinahe alles außer Fensterscheiben und Fliesen, sie riecht am angenehmsten und ist am umweltfreundlichsten (in diesem Buch wird viel von Schmierseife die Rede sein). Die gelbe und die grüne unterscheiden sich nur durch den Duft. Außerdem kann man zwischen flüssiger und fester Seife wählen. Die flüssige löst sich besser im Wasser, die feste lässt sich überall dort gut auftragen, wo Verkrustungen entfernt werden müssen (wie im Backofen und auf dem Herd).

ALLZWECKREINIGER enthalten oft Fettlöser und sind eine Ergänzung, wo Seife nicht ausreicht (aber auch gewöhnliche Geschirrspülmittel enthalten Fettlöser). Der gute alte Brennspiritus ist ebenfalls fettlösend und kann bei besonders hartnäckigen Flecken eingesetzt werden.

FLÜSSIGE SCHEUERMITTEL sind die grobe Artillerie des Putzens. Für die Fälle, wo nichts anderes hilft und wo es wirklich sauber sein soll – wie Kloschüssel und Waschbecken. Schütten Sie ruhig auch mal eine Tasse Essig in die Toilette, um die hässlichen Ablagerungen im Abflussknie zu beseitigen.

WC-REINIGER leisten nicht nur in der Toilette gute Dienste, sondern überall dort, wo sich Rostränder und Kalkablagerungen bilden.

Vorbereitungen

Haben Sie vielleicht einen Partner zu Hause, der gerne putzt? Umso besser – teilen Sie sich das Einsatzgebiet auf. Wenn Sie Kinder, aber keinen Aufpasser haben und der häusliche Großputz ansteht, ist es sicher am klügsten, dass ein Elternteil mit ihnen das Weite sucht. Lassen Sie Ihre Kleinen all das unternehmen, was Sie ihnen lange versprochen, aber aus Zeitgründen nie geschafft haben: ins Schwimmbad gehen, in der Bücherei stöbern, ein spannendes Museum besuchen. Mit anschließender Kuchenschlacht im Café. Im Übrigen ist Ihre vom Putzdienst befreite Restfamilie bestimmt dankbar genug, Ihnen eine kleine Belohnung mitzubringen, vielleicht eine Pizza vom Italiener an der Ecke oder ein paar Blumen für die frisch gespülten Vasen auf dem blankgewienerten Tisch. Sagen Sie ihnen einfach, wann sie frühestens nach Hause kommen dürfen; Sie wollen ja in Ihrem wichtigen Vorhaben nicht gestört werden. Oder in ihren tiefen Gedanken.

Stellen Sie Ihre Lieblingsgetränke in den Kühlschrank und bereiten Sie eine Kanne Eiswasser mit frischer Zitrone vor – ein Großputz ist körperlich ebenso anstrengend wie ein halber Marathonlauf. Als Pausenmahlzeit gut geeignet sind lecker belegte Brote oder schnell aufgewärmte Mittagsreste. Hier ein paar Vorschläge:

ESSEN UND TRINKEN

31

BAGEL oder Baguette mit Frischkäse, roten Zwiebeln, Parmesan, rotem Paprika, etwas schwarzem Pfeffer, Salz und einigen Tropfen Olivenöl.

CIABATTA MIT TUNFISCHPASTE. Eine Dose Tunfisch im eigenen Saft, vermengt mit einem halben Becher Creme fraiche, fein gehackten roten Zwiebeln, Tomatenmark, Chilipfeffer und Salz. Legen Sie ein Salatblatt auf das Brot, streichen Sie die Tunfischpaste darauf und kröner Sie das ganze mit Paprika und einigen Oliven.

SANDWICH AUS DEM WAFFELEISEN. Legen Sie Schinken/Salami und Käse zwischen zwei Scheiben Brot, die Sie mit Senf bestrichen haben. Fetten Sie das Waffeleisen ein, legen Sie das Sandwich hinein und drücken Sie den Deckel herunter. Dazu ein Salat aus dünn in Scheiben geschnittenen Tomaten und Zwiebeln, beträufelt mit Olivenöl.

PAPRIKA-AUFSTRICH FÜR KNÄCKE- ODER ROGGENBROT. Eine rote und eine gelbe Paprika jeweils vierteln. Mit der Schale nach oben im Backofen bei großer Hitze rösten, bis die Schale ganz schwarz ist. Anschließend für wenige Minuten in eine Plastiktüte legen, dann lässt sich die Schale leichter abziehen. Das ausgelöste Fruchtfleisch mit 125 g Philadelphia-Frischkäse, einer Messerspitze Tomatenmark, einigen Tropfen Weinessig, etwas Zucker, Salz und Pfeffer in den Mixer geben.

GUTES HAUSGEMACHTES MÜSLI MIT DICKMILCH

```
    5 dl  (ca. 200 g) Haferflocken
    2 dl  (ca. 75 g) Weizenkeime
  1,5 dl  (ca. 50 g) Leinsamen
  2-3 dl  (ca. 75-125 g) Sonnenblumenkerne
  250 g  gehackte Nüsse
    4 dl  (ca. 150 g) Kokosflocken
 2 Essl.  Vanillezucker
  2-3 dl  (200-300 ml) Honig
    1 dl  (100 ml) Mais- oder Rapsöl
```

Vermischen Sie alles in einer feuerfesten Form und rösten Sie es ungefähr eine halbe Stunde bei 175 Grad im Backofen (bis die Mischung eine schöne Farbe angenommen hat und ganz trocken ist). Ab und zu umrühren.

Ziehen Sie bequeme Sachen an, aber nicht so, dass Sie sich schlampig und ungepflegt fühlen. Binden Sie eine Schürze um, am besten mit Taschen für Putzlappen und Sachen, die Ihnen beim Aufräumen zufällig wieder in die Hände fallen. Man kann sich auch Stift und Papier in die Taschen stecken, weil man beim Saubermachen so gut nachdenken kann; beispielsweise kommen einem beim Weihnachtsputz meist die besten Ideen für Weihnachtsgeschenke.

Legen Sie Ihre Lieblingsmusik der mehr bombastischen Art auf. Nehmen Sie etwas, wo Sie den Text können – Mitsingen macht fröhlich.

MEINE PUTZ-HITS

B-52's: Punkband mit eigenem Putzsound
THE HOUSEMARTINS: London 0 – Hull 4
CARL ORFF: Carmina Burana
THE SMITHS: Strangeways, Here We Come
POPSICLE: Abstinence
2RAUMWOHNUNG: Nimm mich mit (Zusatz der Redaktion)
BO KASPERS ORKESTER
TOM JONES: Reload
JAKOB HELLMANN

STATT
PUTZKITTEL

EINIGE PROFI-TIPPS VON DJ JESPER LENNARTSSON

KEVIN YOST: One Starry Night
PRODIGY: The Fat of the Land
PAUL SIMON: Graceland
BASEMENT JAXX: A Compilation
JOSÉ CARRERAS: Misa Criola
BOB HUND: Jag rear ut min själ – Allt ska bort
CHEMICAL BROTHERS: Exit Planet Dust

Oder machen Sie es wie Anna aus dem gotländischen Alva: Leihen Sie Hörbücher aus, für deren Lektüre Ihnen immer die Zeit fehlte, und lassen Sie sich beim Staubsaugen vorlesen.

DECKEN SIE EINEN PUTZTISCH

Sammeln Sie gleich zu Anfang alle Sachen zusammen, die Sie brauchen werden. Falls Sie keinen Putzwagen haben, stellen Sie alles auf ein abgeräumtes Regal oder irgendwohin, wo Sie sich nicht immer danach bücken müssen.

Haben Sie vergessen, eine Trittleiter zu kaufen? Tun Sie es jetzt! (Achten Sie darauf, dass sie stabil ist und einen sicheren Stand hat. Und dass sie gut genug aussieht, um zwischen den Putzeinsätzen nicht in den Keller geräumt werden zu müssen, sodass Sie sie immer greifbar haben, wenn Sie irgendwo hinaufsteigen wollen.)

Anschließend können Sie in der Reihenfolge anfangen zu putzen, die Ihnen selbst am liebsten ist: ganz oben anfangen und mit dem Fußboden aufhören oder umgekehrt. Nehmen Sie sich Zimmer für Zimmer vor oder staubsaugen Sie alle Räume in einem Rutsch durch. Räumen Sie nur die Sachen weg, wo Sie ran müssen.

Tragen Sie alle Teppiche nach draußen, stellen Sie die Pflanzen in die Badewanne und duschen Sie sie ab; legen Sie die Übertöpfe und andere kleinere eingestaubte Sachen in die Spüle und die Kerzenständer in kochend heißes Wasser (drehen Sie vorher die Kerzenstümpfe mit einem Korkenzieher heraus). Nehmen Sie die Bücher aus den Regalen (und halten Sie dabei eine gewisse Ordnung ein, falls Sie die Bücher vorher sortiert hatten).

Drehen Sie Ihre Stereoanlage auf und legen Sie los.

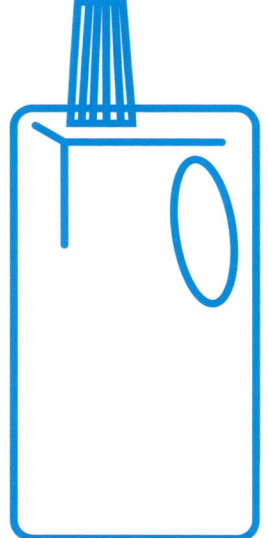

Was getan werden muss

Als meine Mutter Ende der fünfziger Jahre mit meinem Vater zusammenzog, hatte sie ein Buch dabei: »Das Einmaleins der guten Hausfrau«. Eine regelrechte Hausfrauenbibel, die äußerst streng und penibel vorschrieb, wie eine gute Hausfrau ihren Haushalt zu führen hatte. Meine Mutter war völlig unerfahren und glaubte tatsächlich jedes Wort, das darin geschrieben stand. Trotz ihres Bestrebens, die perfekte Hausfrau zu werden, war sie relativ bald gezwungen, ihren viel benutzten Ratgeber beiseite zu legen, denn er beschrieb eine Haushaltsführung, die mindestens einem Vollzeitjob gleichkam – angefangen beim wöchentlichen Absaugen der Wände und anderen ähnlich verrückten Anweisungen. Weder damals noch später konnte sie etwas anderes als Widerwillen für das Saubermachen empfinden, vielleicht weil sie sich unzulänglich fühlte. Die sporadischen Putzanfälle, die sie daraufhin entwickelte – in meiner Erinnerung immer mit verkniffenem Gesicht und einem bitteren, missmutigen Zug um den Mund – waren der Grund, dass ich viele Jahre später einen mittleren Schock bekam, als ich diese Hausfrauenbibel las. Erst da begriff ich, wie der Haushaltsputz eigentlich hätte sein sollen. Ich bekam wie gesagt einen mittleren Schock – und einen Lachanfall.

Eine kürzlich durchgeführte Untersuchung hat ergeben, dass eine Hausfrau im Schnitt 1-2 Stunden pro Tag putzt, was 10-28 % ihrer Gesamtarbeitszeit entspricht.

EINMALEINS DER GUTEN HAUSFRAU, 1950

Die Vorbereitungen, die ich oben beschrieben habe, gelten sicher nicht für das allwöchentliche Saubermachen, aber ein richtiger Groß- putz muss natürlich sein, damit man in den darauf folgenden Monaten nicht mehr als ein paar Stunden wöchentlich opfern muss, um einen akzeptablen Standard zu halten. Ist man ein Mensch, dem ein bisschen Unordnung nichts ausmacht, nimmt ein ordentlicher Wochenputz na- türlich mehr Zeit in Anspruch, als wenn man ein »Jeden-Tag-ein-biss- chen«-Aufräumer ist. Ich gehöre zur letzteren Sorte und kann mich nur schwer entspannen, wenn irgendwo Sachen herumliegen, die da nicht hingehören. Aber hier und da etwas aufzuheben ist für mich kein Putzen. Eher so etwas wie eine schlechte Angewohnheit.

PACKEN SIE ES AN

Bei vielen Arten von Schmutz erspart man sich eine Menge Putz- zeit, wenn man ihn sofort beseitigt: verschüttete Flüssigkeiten, Krümel, salziger Schneematsch und Schmutzränder im Badezimmer. Etwas Eingetrocknetes wegzureiben dauert länger als etwas Nasses aufzuwischen, und frische Krümel aufzufegen geht eindeutig schnel- ler als das ganze Zimmer saugen zu müssen, nachdem sie sich überall fein verteilt haben. Mal angenommen, Sie nehmen sich täglich maxi- mal fünf bis zehn Minuten Zeit für solche Aktionen; dann reicht es aus, wenn Sie einmal pro Woche durchsaugen und staubwischen und ein- oder zweimal pro Monat nass durchwischen.

Und wer hat gesagt, dass Sie die ganze Wohnung auf einmal putzen müssen? Falls es tatsächlich jemand gesagt hat, können Sie getrost darauf pfeifen. Man hat nicht wirklich das Gefühl zu putzen, wenn man schnell den Staubsauger nimmt und den Flur saugt, während man

ALLES AUF EINMAL?

darauf wartet, dass das Badezimmer frei wird. Oder wenn man kurz die Toilettenschüssel sauber macht, während man sich mit jemandem unterhält, der in der Badewanne liegt. Ich habe ein Telefon mit sehr langer Schnur und wenn ich telefoniere, bekomme ich oft Lust, die Arbeitsplatte in der Küche abzuwischen. Das ist auf jeden Fall unterhaltsamer als in der Nase zu bohren.

Im
Durchschnitt
wendet eine schwedische
Frau 4,5 Stunden pro Woche
fürs Putzen auf, während es beim Mann
im Schnitt rund 2 Stunden sind.
Die jüngere Generation putzt weniger
als die ältere.
Aber insgesamt verbringen die Schweden
(und besonders die Männer)
mehr Zeit mit Putzen als vor zehn Jahren.

STATISTISCHES ZENTRALAMT SCHWEDEN

Ich wäre keine gute Testperson für eine Befragung über Putzgewohnheiten, weil ich beim besten Willen nicht sagen kann, wie viel Zeit ich fürs Putzen aufwende. Oder was man überhaupt als Putzen definiert; zählt dazu schon, wenn man beim Geschirrspülen den Herd abwischt? Wie viele Sekunden braucht man, um die Zahnpastaspritzer vom Badezimmerspiegel zu entfernen, mit einem Handtuch, das sowieso in die Wäsche soll? Und wird es zum Putzen oder zur Blumenpflege gerechnet, wenn man vertrocknete Blätter von der Fensterbank sammelt? Frauen verbringen viereinhalb Stunden pro Woche mit Saubermachen, Männer zwei. Wenn sie eine Familie sind, wären das sechseinhalb Stunden in der Woche. Was machen sie in dieser Zeit? Und wieso dauert das so lange?

Mal angenommen, die Durchschnittsfamilie verlegt ihre gesamten Putzaktivitäten auf den Samstag, damit sie am Sonntag das Ergebnis genießen kann. (Familie Durchschnitt arbeitet vermutlich von Montag bis Freitag.) Da Vater Durchschnitt offenbar vorhat, nur knapp halb so viel Zeit fürs Saubermachen aufzuwenden wie seine Lebensgefährtin, wird er dazu verdonnert, sich zunächst einmal das Badezimmer vorzunehmen. Es wäre sicherlich schlauer von ihm gewesen, wenn er seine zwei Stunden Badezimmerdienst auf den einen oder anderen Einsatz während der Woche verteilt hätte, bevor die Dreckspuren der 2,5 Kinder, seiner Frau und von ihm selbst richtig festgetrocknet wären. Jetzt am Samstag erfordert es schon einigen Kraftaufwand, die Kloschüssel, das Handwaschbecken und die Badewanne zu schrubben. Aber noch reichen ihm Scheuerschwamm und Seifenlauge dafür aus, oder alternativ ein Schwammtuch und Scheuermilch. Für die Kloschüssel nimmt er natürlich (hoffentlich) die Klobürste. Tatsächlich geht ihm die Arbeit flott genug von der Hand, dass er – der so viel Wert auf den äußeren Schein legt – hinterher noch Zeit hat, die Chromarmaturen mit einem trockenen Tuch zu polieren. Er schafft es sogar auch noch, die weißen Zahnpastaspritzer auf dem Spiegel zu beseitigen, immer noch mit demselben trockenen Lappen, der inzwischen leider schon ein bisschen feucht geworden ist.

Was die lieben Kleinen in der Zwischenzeit machen, geht aus der Untersuchung nicht hervor. Vermutlich sitzen sie mucksmäuschenstill da und sehen ihrer Mutter zu, wie sie ihren 4,5-stündigen Putzmarathon damit einleitet, eine Schneise durch das Gewühl im Kinderzimmer zu schlagen. Da die Familie über ein gutes Aufbewahrungssystem im Kinderzimmer verfügt, geht das trotz allem relativ schnell. Eigentlich wissen auch die Kinder, in welche Kiste die Legosteine gehören und in welche die Barbiepuppen und ihre Kleidchen. Stellt man ihnen eine richtig leckere Samstagmittagüberraschung in Aussicht, sind sie meist sogar bereit, ihre eigene Schmutzwäsche in den Wäschekorb zu befördern.

Die Prozedur Wir-packen-jetzt-alle-Sachen-an-ihren-Platz wird anschließend Zimmer für Zimmer wiederholt, bis es Zeit für Staublappen und Staubsauger ist. Mama Durchschnitt wechselt immer schön der Reihe nach die Staubsaugerdüsen, je nachdem, was ihr auf ihrem Putzfeldzug in die Quere kommt. Das dauernde Düsenwechseln kostet ein bisschen Zeit, doch sie arbeitet sich stetig durch alle Zimmer, und eigentlich geht es ihr relativ flott von der Hand. Hin und wieder hält sie inne, um nach dem Herrn des Hauses zu rufen – der immer noch im Bad verbissen den Putzlappen schwingt –, damit er kommen und diese oder

In den USA helfen 47 Prozent aller Kinder täglich beim Putzen. Aber nehmen wir doch ein paar andere europäische Beispiele: Großbritannien 23 Prozent, Deutschland 14 Prozent. Und dann ein echtes Schlusslicht: Japan 9 Prozent.

jene Stelle abwischen möge. Gemeinsam halten sie Ausschau nach Kaffeetassenrändern und festgetrockneten Saftpfützen auf sämtlichen Tischen und Regalen zwischen Küche und Kinderzimmer.

Nur die Küche erfordert diese Woche – so wie jede Woche – etwas mehr Arbeitseinsatz; der Fußboden muss geschrubbt und gewischt werden. Herd und Dunstabzugshaube werden mit der Spülbürste und unverdünntem Spülmittel gesäubert.

Und dann geht es ins Schlafzimmer. Die Junggesellen unter den Putzumfrage-Teilnehmern wechseln ihre Bettwäsche alle Vierteljahr, aber da unsere Familie Durchschnitt ja noch so viel Zeit übrig hat, bereiten alle gemeinsam das Schlafzimmer für Durchschnittsmamas und Durchschnittspapas samstäglichen Höhepunkt vor. Als Sahnehäubchen auf dem Kuchen, sozusagen.

WIE MACHT MAN WAS UND WARUM?

Die Wohnung sauber zu halten ist in erster Linie leider keine Frage des ästhetischen Empfindens. Sonst wäre in hektischen Zeiten, wo man nicht zum Saubermachen und Aufräumen kommt, notfalls auch nichts gegen eine ungeputzte Wohnung zu sagen. Aber es ist ja nun mal so, dass es eigentlich um Hygiene geht, um Asthma und Magenkrankheiten. In Schweden werden jährlich eine Viertelmillion Menschen von Magen-Darm-Krankheiten befallen, die auf unzureichende Küchenhygiene zurückzuführen sind – ungeputzte Kühlschränke, schlecht ge-

Der Wochenputz umfasst im Großen und Ganzen dieselben Arbeiten wie das tägliche Putzen, einzig mit dem Unterschied, dass sie gründlicher durchgeführt werden. So reinigt man z.B. den Fußboden sorgfältiger, wischt die Paneele u.ä., staubt die Heizkörper ab, wischt die Fensterrahmen und putzt die Fenster, falls nötig.

EINMALEINS DER GUTEN HAUSFRAU 1950

PUTZ-FAKTEN

Drei von zehn jungen Männern putzen das Handwaschbecken alle vierzehn Tage oder einmal im Monat.

UMFRAGE DES MEINUNGSFORSCHUNGS-
INSTITUTS TEMO, FEBRUAR 1999, ALTERSGRUPPE
JUNGE ERWACHSENE 18-29 JAHRE

*Und wie oft soll man es machen?
Mindestens einmal pro Woche.*

Drei von zehn jungen Männern wischen den Fußboden ihrer Wohnung einmal pro Quartal oder noch seltener.

UMFRAGE DES MEINUNGSFORSCHUNGS-
INSTITUTS TEMO, FEBRUAR 1999, ALTERSGRUPPE
JUNGE ERWACHSENE 18-29 JAHRE

*Wie oft müssten sie es tun?
In der Küche jede Woche oder alle zwei Wochen, in den übrigen Zimmern einmal pro Monat oder alle zwei Monate.*

*Wie oft soll man die Bettwäsche wechseln?
Ungefähr alle zwei Wochen. Und zwischendurch die Betten lüften.*

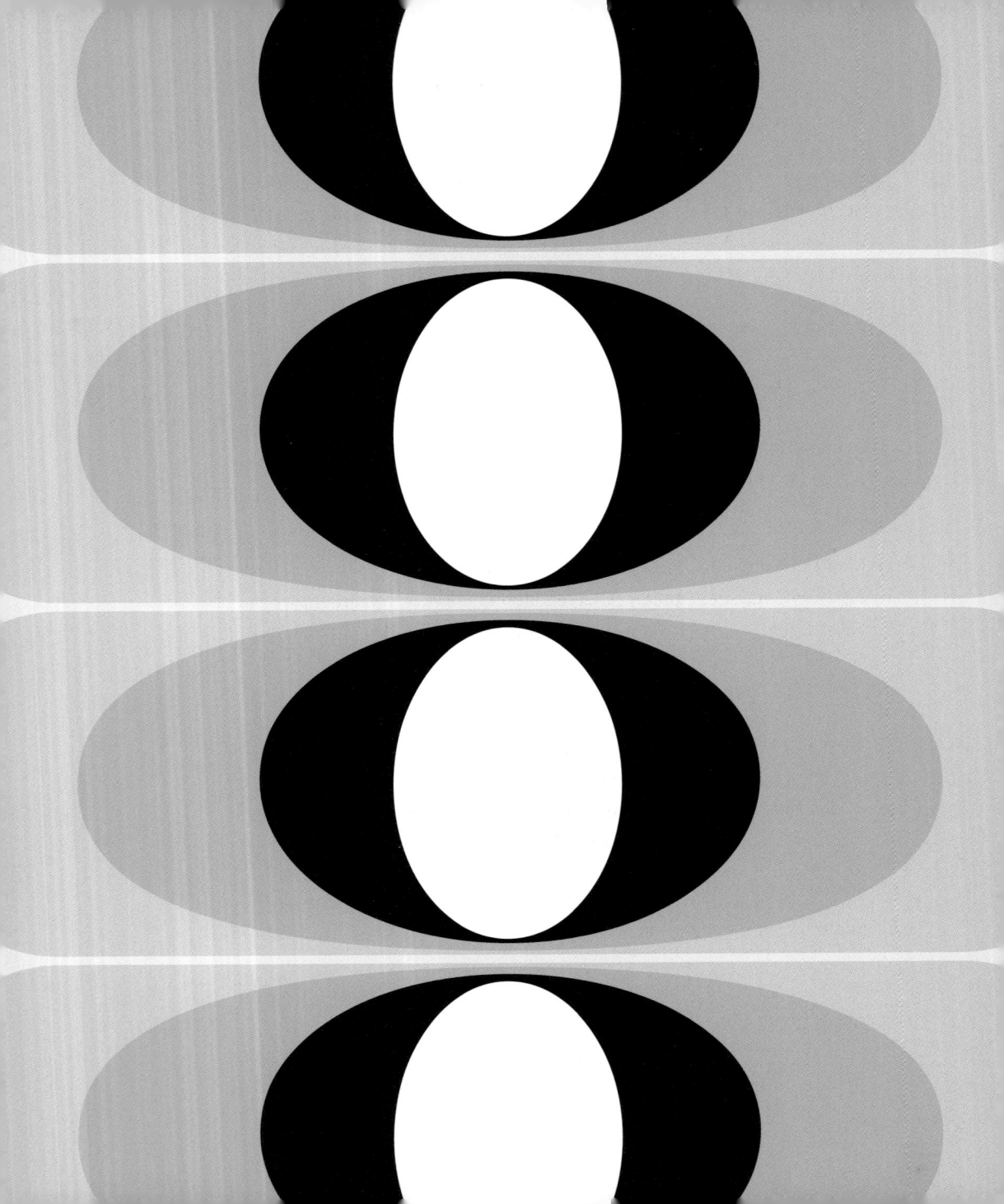

reinigte Schneidbretter und viel zu lange benutzte Wischlappen. Noch wesentlich mehr Menschen leiden unter Asthma und Allergien. Dass die Zahl der Betroffenen immer weiter steigt, führt man inzwischen unter anderem auf schlechte hygienische Verhältnisse und die darin gedeihenden Hausmilben zurück.

Milben sehen unter extremer Vergrößerung ungefähr aus wie die achtfüßigen Ungeheuer in den Gruselfilmen der fünfziger Jahre. In einem gewöhnlichen Bett hausen bereits rund zwei Millionen Hausmilben. In einem ungepflegten Bett ist ihre Zahl noch wesentlich größer. Das Gleiche gilt selbstverständlich auch für andere Textilien und Hausstaub. Ein guter Grund, den Staubsauger recht oft und recht gründlich einzusetzen.

In der Regel werden Staubsauger mit einem Sortiment verschiedener Düsen und Aufsätze geliefert, deren Sinn und Zweck den meisten von uns erst mal schleierhaft ist. Die zwei Funktionen der Hauptdüse – einmal Bürste ausgefahren, für glatte Böden, und einmal ohne Bürste, für Teppiche – sind uns dagegen allen klar.

VERWENDEN SIE ALLE DÜSEN

Wenn Sie auch den Rest des Düsensortiments einsetzen wollen und nicht genau wissen, welchen Düsenaufsatz Sie wofür verwenden sollen, dann folgt hier eine kleine Lektion.

Die kleine weiche Bürstendüse lässt sich in der Senkrechten besser und einfacher einsetzen als die Hauptdüse. Sie eignet sich vor allem für Zierleisten, Lampenschirme, Bilder, Jalousien und Ähnliches mehr. Ein Vorteil der kleinen Bürstendüse ist, dass der Staub im Staubsauger landet und nicht in Ihren Lungen.

Die länglich-schmale Röhrendüse wird für die Ritzen von Polstermöbeln und für schwer zugängliche Stellen hinter den Heizkörpern genommen. Funktioniert auch gut bei Fußleisten und Türschwellen.

Oft ist auch eine Düse dabei, die aussieht wie *eine kleinere Ausgabe der Hauptdüse*. Sie ist für den Einsatz auf Polstermöbeln, Stuhlpolstern und anderen Textilien gedacht.

Sollten Ihrem Staubsauger die erwähnten Aufsätze nicht beigefügt sein, können Sie sie in der Regel überall als Zubehör kaufen.

Im Übrigen ist es keine schlechte Idee, die Hauptdüse Ihres Staubsaugers hin und wieder mit ausgefahrener Bürste (die normalerweise für glatte Böden gedacht ist) auf Teppichen, Läufern und Brücken einzusetzen. Das ist zwar ziemlich anstrengend, funktioniert aber ganz gut, wenn man keine Zeit, Lust oder Gelegenheit hat, die Teppiche auszuklopfen. Es ist kein voller Ersatz, aber zur Überbrückung bis zum nächsten Teppichklopfen reicht es allemal.

Planen Sie den Einsatz des Staubsaugers so, dass jede Düse so effektiv wie möglich zur Anwendung kommt. Ein Putzplan, der zu einer Art Ritual wird, spart im Übrigen immer Zeit und Überlegungen. Finden Sie die günstigsten Steckdosen heraus, um das Staubsaugerkabel so selten wie möglich umstöpseln zu müssen.

Auch der Staubsauger selbst muss hin und wieder gereinigt werden: Wechseln Sie den Staubfilter mehrmals pro Jahr (und zwar öfter, als in der Gebrauchsanleitung angeraten wird – Filter gibt es überall zu kaufen) und entfernen Sie alle Staub- und Schmutzreste, die sich in der Staubsaugerdüse angesammelt haben. Alle zehn Jahre sollten Sie sich neue Düsenaufsätze leisten. Der Staubsaugerbeutel sollte ge-

Man braucht keine Drogen, wenn man einen ›Volta Gemini‹ hat. Das Geräusch des Staubsaugers stört mich überhaupt nicht, sondern es betäubt und beruhigt. Das Gebrumm ist wie ›Prozac‹ ohne Nebenwirkungen. Gleichzeitig wirkt das Arbeiten mit dem Staubsauger – drunter unter den Sessel, um das Sofa herumzirkeln, die Sofapolster aufnehmen – wie eine langsam wirkende Aufmunterungspille. Je mehr Fläche des Zimmers man sich unterwirft, desto euphorischer wird man.

JAN GRADVALL, DAMERNAS VÄRLD, JUNI 99

wechselt werden, wenn er ungefähr halb voll ist. Moderne Staubsauger haben in der Regel eine Füllstandsanzeige, die Ihnen sagt, wann es Zeit zum Wechseln ist.

Für den normalen Wochenputz braucht man außer dem Staubsauger auch Lappen und Schwämme. Vor allem für Badezimmer und Küche.

LAPPEN, SCHWAMM UND WUNDER

Der Wunderlappen (das sogenannte Mikrofasertuch) ist mein Favorit. Sein wunderbares Geheimnis liegt in seiner elektrostatischen Aufladung und Faserstruktur. Im trockenen Zustand zieht er den Staub an; leicht angefeuchtet rubbeln die Fasern den Schmutz ohne Reinigungsmittel ab. Der Einsatz ohne Reinigungsmittel ist der eigentliche Sinn und Zweck des Tuches, aber wenn man auf frischen Duft und Glanz Wert legt, kann man es natürlich auch mit Reinigungsmitteln verwenden. Versuchen Sie doch mal, zwischen zwei Großputzaktionen die staubigen Fenster mit dem trockenen Mikrofasertuch abzureiben. Eine Minute Arbeit, und Sie werden den Wundereffekt erkennen. Schaffen Sie sich mehrere dieser Tücher an, denn sie sollten nach jedem Putzen gewaschen werden (in der Waschmaschine; sie können auch im Topf auf dem Herd ausgekocht werden).

Das Mikrofasertuch reicht zwar für die meisten Zwecke, aber manchmal braucht man natürlich etwas Gröberes. Putzschwämme mit Scheuerseite gibt es in unterschiedlichen Ausführungen. Die gröbere Sorte darf man auf Emaille oder Edelstahl nicht anwenden, da sie Kratzer verursacht und sich in diesen Kratzern Schmutz absetzt.

Der Küchenputz ist immer der zeitaufwändigste, ganz gleich, ob es um den Frühjahrsputz geht oder das allwöchentliche Saubermachen. Die Küche ist schließlich der Raum, den sauber zu halten aus hygienischen Gründen am wichtigsten ist.

Der Fußboden muss in der Küche beispielsweise öfter feucht gewischt werden als etwa im Schlafzimmer. Einmal pro Woche oder, wenn keine Kinder oder andere kleckerfreudige Personen im Haushalt leben, alle zwei Wochen.

Es erscheint vielleicht kleinkariert zu erklären, wie man den Fußboden am besten wischt. Aber ich habe Freunde, die der Meinung sind, das beste Resultat ließe sich erreichen, wenn man möglichst viel und

möglichst scharfen Allzweckreiniger auf einen unter Wasser gesetzten Fußboden schüttet und dann alles schön mit einem Wischmopp verteilt. Um anschließend das ganze Geschmadder aus Seifenlauge und altem Schmutz eintrocknen zu lassen.

Nehmen Sie nicht mehr Reiniger, als in der Gebrauchsanweisung angeraten wird, und geben Sie ihn in heißes Wasser. Wringen Sie das Scheuertuch gut aus und schlagen Sie es um die Bürste Ihres Schrubbers (der hoffentlich einen ausreichend langen Stiel hat). Reiben Sie damit über den Boden. Und spülen Sie das Tuch oft aus. Man kann natürlich auch einen Wischmopp nehmen, aber dann bleibt leicht zu viel Wasser auf dem Fußboden zurück. Ein paar Mal pro Jahr sollte der Fußboden ordentlich mit einer Bürste gescheuert und anschließend gewischt werden.

WAS ICH JEDE WOCHE MACHE...

Aufräumen, was herumliegt, und alles an seinen Platz schaffen.
Alle Zimmer durchsaugen. Küche und Flur zweimal pro Woche.
Tische abwischen, Fensterbänke, Regalbretter und das meiste in den
    Regalen abstauben.
Badewanne/Dusche, Waschbecken und Toilette schrubben.
Bettwäsche in einigen Betten wechseln.
Handtücher, Küchenhandtücher und Spültücher wechseln.
    (Mehrmals pro Woche nötig! Spültücher können mit in die
    Geschirrspülmaschine gelegt werden.)

Herd sauber machen und Spülbecken sorgfältig putzen.

Fußböden in Küche und Bad nass wischen, im Winter auch den Flur.

Putzlappen auswaschen.

Abgelaufene Lebensmittel aus dem Kühlschrank entfernen.

Papierkörbe leeren.

Kräftig lüften, mit Durchzug.

IN REGELMÄSSIGEN ABSTÄNDEN AUSSERDEM…

Fußböden in Schlafzimmer und Wohnzimmer feucht wischen.

Kleinere Läufer in der Waschmaschine waschen.

Küchenschränke auswischen.

Außenseite der Fensterscheiben mit einem trockenen Mikrofasertuch
abreiben.

Polstermöbel und Betten absaugen.

Lampen absaugen.

Polsterbezüge waschen und Betten lüften.

Bildschirm des Fernsehers abwischen.

Topfpflanzen abduschen.

Holztisch scheuern.

Tischbeine und Stühle abwischen.

Gläser und Flaschen in Küche und Badezimmer abwischen.

Nur vier von zehn Schweden möchten eine Putzhilfe haben,

und nur zwei Prozent haben tatsächlich eine.

Wenn Sie Ihren Putzschrank auffüllen,
sollten Sie gleich solche Sachen mitbesorgen, über deren Fehlen
man sich immer ärgert und von denen ein kleiner Vorrat
zu Hause nichts schadet (natürlich in dafür vorgesehenen Schubladen
und Kästen): Glühbirnen, Seifenstücke, Bilderhaken,
Klammern zum Befestigen von Kabeln, extra Zahnbürsten,
Spülbürsten, Mülltüten …
So sparen Sie eine Menge Zeit und Energie.

Manche Sachen fallen mir oft ein, wenn es schon zu spät
ist – etwa dass jemand Geburtstag hat
oder dass die Kinderparty ja schon dieses Wochenende stattfindet.
Anstatt nur zu denken »Das wäre ein schönes Geschenk!«,
wenn ich ganz normal auf Einkaufstour bin, habe ich mir inzwischen angewöhnt,
genau dieses »schöne Geschenk« gleich zu kaufen.
Nicht für jemanden Spezielles, sondern um es in den Schrank zu legen,
bis mir jemand einfällt, dem ich es schenken kann. Dann habe ich
am Samstagvormittag vor der Kinderparty Zeit, in Ruhe staubzusaugen,
anstatt durch die Kaufhäuser zu hetzen, wenn die halbe Stadt unterwegs ist
und die Zeit drängt. Das macht doppelt Freude.

Panikputzen

Zeitoptimisten geraten gelegentlich in einen Prioritätenkonflikt: Soll ich meinem Besuch eine saubere Wohnung bieten oder lieber ein gutes Essen? Es gibt natürlich Schleichwege, um beides hinzubekommen. Den Besuch kann man in Erwartung des guten Essens ja ziemlich lange mit Getränken hinhalten.

Entscheiden Sie, welche Zimmer Ihre Gäste überhaupt zu sehen bekommen, und nehmen Sie sich nur diese vor. Räumen Sie auf: Stapeln Sie herumliegende Sachen so auf, dass die Haufen wohlgeordnet aussehen, falls Sie wirklich keine Zeit finden, die Dinge an ihren angestammten Platz zu legen.

Öffnen Sie alle Fenster und lüften Sie gut durch.

Stellen Sie die Schuhe im Flur ordentlich hin und räumen Sie die Garderobe wenigstens ein bisschen frei.

Um eine gewisse Illusion von Frische zu zaubern, sollten Sie meiner Meinung nach lieber nass durchwischen als staubsaugen – falls Sie nicht beides schaffen und wirklich geputzt werden muss. Das feuchte Mikrofasertuch über den Schrubber geschlagen, ein paar Tropfen zitronenduftenden Allzweckreiniger darauf und damit schnell über diejenigen Fußbodenflächen gewienert, wo sich Ihrem Plan nach der weitere Abend abspielen soll. Ist die Küche geräumig genug, ist es na-

59

türlich von Vorteil, wenn sich das Geschehen ausschließlich dort abspielen kann.

Putzen Sie Waschbecken und Toilettenschüssel. Legen Sie ein
neues Stück Seife hin und wechseln Sie die Handtücher.

Polieren Sie die Anrichte, weil die Gäste vielleicht gerade dort leh-
nen und ihren Aperitif schlürfen, während sie Ihnen bei der Zubereitung des Essens zusehen.

Machen Sie den Herd sauber und setzen Sie dieses fantastische
Herdplattenputzmittel ein, von dem Sie im Kapitel ›Großputz in der
Küche‹ auf Seite 77 mehr lesen können. Es ist unglaublich, wie leicht
man sich von einem sauberen Herd täuschen lässt. Ich selbst falle
auch immer darauf rein.

*Ein alter Trick, um Rauchgeruch
loszuwerden: Stellen Sie Schalen und
flache Schüsseln mit etwas Essig
darin auf. Funktioniert tatsächlich.*

Großputz

Die Sonne prallt auf die Fensterscheiben und es ist Früüüühling. Die Sonne scheint auf die Fensterscheiben und findet kaum herein, weil sie von einer milchigen Schmutzschicht überzogen sind und ebenso wintermüde aussehen wie ungefegte Straßen und Büsche gespickt mit weggeworfenem Eispapier. Frühlingssonne auf solchen Fenstern macht mich kribbelig. Jedes Jahr um diese Zeit erwacht in mir der Putzeifer. Es fällt mir schwer, mich zu beherrschen, aber ich warte trotzdem mit dem Fensterputzen, bis die Zeit gekommen ist. Das heißt, bis ich viele Stunden ungestört Zeit habe, um den Fensterputz ohne Stress zu bewältigen. Für mich gehört dieses Sehnen nach geputzten Fenstern ebenso zum Frühlingsrausch wie das Vogelgezwitscher.

Eines meiner beiden jährlichen Großreinemachen nehme ich immer in Verbindung mit dem Fensterputzen in Angriff. Nicht weil ich mich verausgaben will, sondern weil ich das herrliche Gefühl genieße, wenn alles gleichzeitig sauber ist.

Für den Frühjahrsputz sollte man sich ausreichend Zeit nehmen. Mindestens ein ganzes Wochenende. Oder zwei, drei, wenn man die Fenster gleich mit putzen will. Oder wenn man ein sehr großes Haus hat.

Sorgen Sie dafür, dass Sie alles im Haus haben, was Sie brauchen. Gerne auch einen Partner, der mithilft. Fangen Sie an, wo Sie mögen. Ich persönlich beginne immer dort, wo es am schlimmsten aussieht. Räumen Sie alles weg, was im Weg ist, und holen Sie sich heran, was Sie brauchen. Und fahren Sie das volle Programm, wie im Kapitel über die Vorbereitungen angeraten: Kleidung, Getränke, Verpflegung, Musik.

PUTZUTENSILIEN Zum Großputz braucht man Bürsten, Schwämme und Tücher, außerdem scharfe sowie milde Reinigungsmittel:

Lappen – mindestens eines dieser Mikrofaserwundertücher sowie mehrere zum trockenen Nachwischen

Schwämme – mit und ohne Scheuerseite

Wurzelbürste und Zahnbürste

Eimer – gerne ein paar größere sowie einen von der Größe eines Sandkasteneimerchens (es ist unnötig, einen großen schweren mit auf die Leiter zu schleppen, wenn man z.B. oben auf den Küchenschränken putzt)

Schmierseife

Allzweckreiniger

Scheuermilch

Staubsauger, Teppichklopfer

EVENTUELL AUCH Abflussreiniger

Kalkentferner

Stahlwolle-Pads

WC-Reiniger

Eigentlich putze ich die Fenster immer am Schluss des Großreinema- FENSTER PUTZEN
chens, aber in diesem Kapitel fangen wir ruhig mal mit den Fenstern
an. Denn das ist der angenehmste Teil der Arbeit.

Räumen Sie zuerst die Fenster frei. Stellen Sie die Topfblumen in
die Dusche und spülen Sie sie gründlich ab, sie sind bestimmt auch
staubig. Stellen Sie die Übertöpfe in Spülwasser oder in den Geschirrspüler. Nehmen Sie die Gardinen ab. Die könnten sicher auch mal gewaschen werden?

Füllen Sie zwei Eimer mit heißem Wasser und legen Sie Fensterab-
zieher, Schwamm und mindestens ein fusselfreies Tuch bereit - entweder ein altes Leinenhandtuch oder Streifen eines ausrangierten
Bettlakens, das schon hundertmal gewaschen wurde. Benutzen Sie
aber keine Küchenhandtücher, die Sie noch zum Geschirr-Abtrocknen
verwenden wollen, denn sie werden nie wieder ganz sauber. Jedenfalls
dann nicht, wenn man wie ich in der Großstadt wohnt und die Fenster
mit einem Film aus Autoabgasen und Industrieschmutz überzogen sind.

Und dann brauchen Sie noch eine Sprühflasche mit Glasreiniger.
Es gibt jede Menge Tipps, was man stattdessen nehmen kann, etwa
Brennspiritus und Geschirrspülmittel, aber was könnte falsch sein an
Reinigern, die einzig dafür erfunden wurden, Fenster blitzblank zu ma-
chen? Lassen Sie sich das von einer gesagt sein, die alle Freunde und
Bekannten mit Reiseziel USA zwingt, ihr als Souvenir ihren Lieblings-
reiniger »409« mitzubringen (den lilafarbenen, für Glass & Surface).

Weil ich eine Nervensäge bin, sage ich es noch einmal: Nehmen Sie WENIGER IST MEHR
nicht so viel Wasser, dass es an den Fenstern herunterläuft. Sauberer werden die Scheiben dadurch auch nicht. Das einzige Ergebnis ist,

dass die ganze Soße auf den Fußboden tropft und hässliche, schwer zu entfernende Pfützenränder auf ihren lackierten Fensterbänken hinterlässt. Beginnen Sie damit, die Fenster gründlich nur mit heißem Wasser und einem Schwamm abzuwaschen. Nehmen Sie sich jeweils eine Fensterseite vor und vergessen Sie auch die Rahmen nicht. Sprühen Sie dann zwei, drei Spritzer Glasreiniger auf die Scheibe (zuviel Reiniger kann Schlieren auf dem Glas hinterlassen), spülen Sie den Schwamm aus und wischen Sie die Scheibe nochmals ab. Das hört sich vielleicht umständlich an, aber es ist sehr effektiv und bringt ein wunderbares Ergebnis, und außerdem braucht man nur ganz wenig Glasreiniger, worüber sich die Umwelt freut (und meine Bekannten auch, die dann nicht so viel »409« aus Amerika mitbringen müssen).

Dann heißt es nur noch, die Scheibe mit dem Abzieher zu trocknen; zuerst waagerecht am oberen Rand von einer Rahmenkante zur anderen und dann Bahn für Bahn nach unten. Nach Möglichkeit mit eleganten 90°-Drehungen, ohne abzusetzen. Ziehen Sie dann den Abzieher in senkrechten Bahnen von oben nach unten, wobei sich die Bahnen etwas überlappen. Zwischendurch wischen Sie den Abzieher mit einem trockenen Tuch ab. Wenn die ganze Scheibe abgezogen ist, wische ich das Glas an den Rändern und den Fensterrahmen mit einem Lappen trocken und reibe eventuelle Spuren weg, die der Gummiwischer hinterlassen hat. Hartnäckige Flecken, die als kleine Erhebungen auf dem Glas sitzen, kann man mit einer Rasierklinge bearbeiten.

Ich empfehle, zwei Eimer mit heißem Wasser bereitzustellen, weil es immer so unglaublich schnell schmutzig wird, wenn man Fenster putzt. Tauchen Sie den Schwamm in den einen Eimer und drücken Sie

ihn im zweiten aus. Wechseln Sie das Wasser im Schmutzeimer, bevor Sie sich das nächste Fenster vornehmen.

RUND UMS FENSTER

Wenn die Fensterflügel fertig sind, Außen- und Innenseite der Scheibe und die Rahmen, ist das Drumherum an der Reihe. Der Einfachheit halber kann man auch hier Glasreiniger nehmen, aber bei meinen lackierten Fensterbänken verwende ich lieber Scheuermilch und die Scheuerseite des Schwammes. Bei Scharnieren und Sperrhaken kann eine alte Zahnbürste gute Dienste leisten. Marmorfensterbänke werden mit Seifenlauge abgewaschen. Spülen Sie mit klarem Wasser nach und wischen Sie sie anschließend trocken. Für polierten Marmor gibt es Spezialpflegemittel. Ist der Marmor fleckig geworden, kann man es mit Salz versuchen, das muss so lange liegen bleiben, bis der Fleck aufgesogen ist. In schweren Fällen kann man auf die Lage Salz einen Klecks Sauermilch setzen; lassen Sie alles mehrere Tage ruhen und wischen Sie es dann mit einem feuchten Tuch weg. Bevor ich alle abgewaschenen Blumentöpfe wieder auf die Fensterbank stelle, trete ich meist ein paar Schritte zurück und kontrolliere, ob doch noch irgendwo Ränder oder Flecken übrig geblieben sind. Es ist unglaublich ärgerlich, wenn man das ganze Fenster noch mal frei räumen muss.

LACKIERTES

Da wir gerade bei lackierten Oberflächen sind, können wir uns ebenso gut auch gleich Fußleisten und Türen vornehmen. Für gestrichene Holzoberflächen nehme ich verdünnten Allzweckreiniger, den ich in Sprühflaschen gefüllt habe. Aufsprühen, mit dem Schwamm drüberwischen und mit einem trockenen Tuch nachpolieren.

68   SAUBER!

Setzen Sie vorsichtig die Scheuerseite des Schwammes ein, wenn es sein muss.

Reinigen Sie die Heizkörper auf dieselbe Weise, aber saugen Sie sie zuerst überall dort ab, wo Sie hinkommen. Vielleicht kann man den Heizkörper abnehmen, dann wird es natürlich einfacher. Man kann auch seinen Erfindungsreichtum spielen lassen und sich eigene Putzgeräte bauen, beispielsweise Besenstiele mit daran festgebundenen Schwämmen oder Lappen für Stellen, die sonst schwer zu erreichen sind. **HEIZKÖRPER**

In Mamas »Einmaleins der guten Hausfrau« gab es ein ganzes Kapitel, das sich nur mit dem Säubern von Wänden und Zimmerdecken befasste. Sieben eng bedruckte Seiten. Vielleicht bin ich einfach zu oft umgezogen, aber ich muss gestehen, dass ich meine Wände niemals richtig abgestaubt habe. Allerdings habe ich des öfteren einige nicht mehr ganz weiße Räume neu gestrichen. Und den alten Stuck im Wohnzimmer staube ich tatsächlich mehrmals pro Jahr ab, mithilfe eines Staubsaugers, einer Leiter und zweier kräftiger Arme. **SOLL MAN AUCH DIE ZIMMERDECKE PUTZEN?**

Manche Wände sind ja schmutzanfälliger als andere und könnten hin und wieder punktuelle Aufmerksamkeit nötig haben. Ich habe entdeckt, dass ein sauberes Radiergummi oftmals effektiver ist als Spezialmittel für diverse Zwecke und Flecke. Muss man trotzdem – beispielsweise bei Fettflecken – zu Wasser und Reinigungsmittel greifen, sollte man einen milden fettlösenden Reiniger nehmen und lieber mit einem Schwamm tupfen als mit einem Lappen reiben, denn Lappen geben Flüssigkeit ab und der Fleck sieht hinterher nur noch größer aus als vorher. Versuchen Sie es am besten mit Seife oder Geschirrspülmittel. Aber sogar Schmierseife kann für Tapeten oder Wandfarbe zu stark sein und die Farbe oder das Muster anlösen. Probieren Sie es vorher an einer unauffälligen Wandstelle aus. Nach der Behandlung abspülen. Und verwenden Sie so wenig Wasser wie möglich – wenn der Schwamm tropft, kann es sein, dass Sie die Ränder nie wieder wegkriegen. Mein Tipp: Bearbeiten Sie den Fleck von unten nach oben.

BILDER UND SPIEGEL   Bei Bildern und Spiegeln reicht es oft, sie abzustauben. Spiegel sollte man hin und wieder auch gründlich putzen, auf dieselbe Art wie die Fenster, und die Rahmen feucht abreiben. Holzrahmen kann man mit Möbelpolitur neuen Glanz verleihen. Schöne alte Goldrahmen reinigt man mit Terpentin und Essig: Wärmen Sie das Terpentin an, indem Sie die Flasche in heißes Wasser stellen. Reiben Sie den Bilderrahmen damit ab und wischen Sie mit einer Essig-Wasser-Lösung nach (ungefähr 50 ml Essig auf einen Liter Wasser). Anschließend trocknen und polieren.

KERZENWACHS   Kerzenhalter lassen sich am einfachsten reinigen, indem man sie erst einmal in kochend heißes Wasser legt. Die Kerzenstümpfe kann man vorher mit einem Korkenzieher herausdrehen.

LAMPEN NICHT VERGESSEN   Lampen verdienen auch hin und wieder mal Beachtung und müssen abgestaubt und/oder feucht abgewischt werden, sowohl die Schirme als auch die Fassungen. Glühbirnen, sagt man, halten länger, wenn man sie zwischendurch mal abwischt. Weiße Lichtschalter reinige ich mit einem Schwamm, auf den ich einen Tropfen Scheuermilch gegeben habe.

Das Teppichklopfen erscheint uns heute als gute alte Tradition, die aus der Mode gekommen ist. Irgendwie hat man das Gefühl, die Nachbarn starren einen an, wenn man Teppiche und Läufer nach draußen auf die Teppichstange bringt. In meinem Mietshaus gibt es auf dem Hof tatsächlich noch eine Teppichstange. Ich glaube, das ist inzwischen eine Rarität, und ich frage mich, warum. Sicher, die Staubsauger sind heute effektiver als damals, aber so effektiv, dass sie eine ordentliche Behandlung mit dem Teppichklopfer ersetzen könnten, werden sie nie sein. Mein Teppichklopfer ist übrigens ein richtiges Museumsstück. Er ist unglaublich schön; grün mit niedlichen runden Löchern in einem weich geschwungenen Dreieck. Und einen herrlichen Stiel hat er auch. Ich habe ihn auf dem Flohmarkt ergattert. Wieso denken die Hersteller von Putzartikeln eigentlich nicht ein bisschen mehr an die Ästhetik, gerade jetzt, in unserer designverliebten Zeit? Denn tatsächlich werden immer noch Teppichklopfer hergestellt und verkauft. Leisten Sie sich einen!

TEPPICHE AUSKLOPFEN

Am liebsten bringe ich meine Teppiche nach draußen, wenn es schneit; der Winterduft bleibt eine Weile in ihnen hängen und passt perfekt zum fertig geputzten Heim. Ich lasse sie eine Weile hängen, eine Stunde oder etwas länger. Dann klopfe ich sie von oben angefangen im Zickzack bis nach unten, und zwar von beiden Seiten. Anschließend rolle ich sie zusammen, trage sie in die Wohnung und breite sie aus, sobald der Fußboden fertig gescheuert ist.

Mein Arbeitskollege Olov hat eine andere Methode – eine männlichere sozusagen. Sie erfordert andere Voraussetzungen, als ich sie zur Verfügung habe, scheint aber Spaß zu machen. Olov hängt die Teppiche in der Garage über ein Gestell, mit der Unterseite nach außen.

DIE METHODEN DER MÄNNER

Dann spritzt er sie mit einem Hochdruckreiniger ab. Es erfordert wie gesagt ausreichend Platz und einen Hochdruckreiniger, aber ich bin sicher, dass das Ergebnis zufriedenstellend ist.

FUSSBODEN
Ein paar Mal im Jahr schrubbe ich den Fußboden gründlich, statt ihn nur nass zu wischen. So richtig auf den Knien mit einer Wurzelbürste, heißem Wasser und Schmierseife. Man kann natürlich auch einen Schrubber mit Stiel nehmen, aber wenn man kniet, hat man hat mehr Kraft, und ich finde, es gibt ein besseres Ergebnis. Hinterher mit einem Scheuertuch und kaltem Wasser wischen. Eventuell mit einem trockenen Tuch nacharbeiten.

Unterschiedliche Fußböden erfordern natürlich eine unterschiedliche Behandlung.

LINOLEUM; BOHNER- UND WASCHWACHS
Linoleum wird gereinigt, wie ich es gerade beschrieben habe. Nehmen Sie Schmierseife – schärfere Reinigungsmittel machen das Linoleum kaputt. Versuchen Sie es bei festsitzendem Schmutz mit Pinselreiniger. Ich liebe es, meine Linoleumböden zu bohnern. Es ist ein bisschen mühsam, aber doch den Aufwand wert: Der Boden wird so glatt und glänzend und als Ergebnis erhält man eine Oberfläche, die umso leichter zu pflegen ist. Die Glanzpolitur wird zu einer Art Lackschicht. Wichtig ist, dass der Boden gut vorbereitet ist, wenn man das Bohnerwachs auftragen will: Es darf kein Rest von Reinigungsmittel mehr auf dem Belag sein und selbstverständlich kein Staub und kein Fleck.

Der große Nachteil am Bohnern ist, dass man die alte Schicht entfernen muss, bevor man eine neue aufträgt. Man kann allerdings zwischendurch ein bisschen schummeln, indem man nur dort nachbohnert, wo die Glanzschicht abgenutzt ist. Denn man muss schon ziemlich beißende und wenig umweltverträgliche Mittel einsetzen (Typ Ammoniak), um die alte Wachsschicht zu entfernen.

Waschwachs ist ein halbherziger Bohnerwachs-Ersatz: Die Oberfläche wird nicht so blank und nicht so strapazierfähig. Andererseits braucht man den frisch geschrubbten Boden nicht ganz so penibel vorzubereiten, bevor man das Waschwachs aufträgt. Aber auch hier muss die alte Schicht entfernt werden, bevor man die neue aufträgt, obwohl es nicht unbedingt bei jeder Zwischenbehandlung notwendig ist.

PVC wird zum Glück immer seltener als Material für Bodenbeläge verwendet. Obwohl der Kunststoffboden leicht zu reinigen ist (Behandlung wie bei Linoleum), hat er doch die Angewohnheit, Staub anzuziehen. Und bohnern lässt er sich auch nicht.

KUNSTSTOFFBÖDEN

Ein Dielenfußboden sieht schön aus und ist angenehm für die Füße. Außerdem ist er in der Pflege nicht so aufwändig, wie manche glauben – jedenfalls nicht, wenn er schon einige Jahre richtig gepflegt wurde. Er muss nur etwas öfter als andere Böden gründlich geschrubbt werden. Nehmen Sie gelbe Schmierseife und Wasser – die grüne Seife könnte Flecken hinterlassen. Scheuern Sie den Boden möglichst auf den Knien, entlang der Dielen. Spülen Sie mit kaltem Wasser nach, anschließend mit einem trockenen Tuch wischen. Mit jedem Scheuern wird die Oberfläche härter und das Holz unempfindlicher. Je öfter man also scheuert, desto intensiver wird die Imprägnierung. Der Dielenfußboden nimmt mit der Zeit eine silbrige Farbe an, auch wenn es manchmal etwas dauert. (Übrigens sollten Sie mit einem unbehandelten Holztisch ebenso verfahren: Scheuern Sie ihn mit Wurzelbürste

HOLZDIELEN

und Zahnbürste in Holzfaserrichtung. Flecken, die nicht verschwinden, kann man mit feinem Sandpapier abschleifen.)

PARKETT Parkettböden oder andere vorbehandelte Böden werden wie Linoleum gepflegt. Aber verwenden Sie hierzu ein besonderes Parkettpflegemittel.

GELAUGTES HOLZ Gelaugte Dielenfußböden, ob geweißt oder nicht, werden in regelmäßigen Abständen abgeseift und geölt, damit sie ihren Oberflächenschutz behalten.

GEÖLTES HOLZ Mit Leinöl imprägnierte Holzdielen reagieren empfindlich auf Allzweckreiniger und Nässe. Gehen Sie oft mit dem Staubsauger drüber und wischen Sie nur sparsam feucht. Ölen Sie den Boden ein, wenn das Holz beginnt trocken zu werden. Natürlich können Sie besonders strapazierte Stellen auch zwischendurch nachölen.

STEINBÖDEN Stein- oder Kachelböden kann man ebenso scheuern wie Linoleum oder Kunststoff, aber verwenden Sie bei glasierten Steinen Allzweckreiniger anstatt Schmierseife (Seife hinterlässt einen leichten Fettfilm). Anschließend mit klarem Wasser nachwischen. Wenn Sie Kachelböden pflegeleichter und weniger schmutzempfindlich machen wollen, verwenden Sie Bohnerwachs oder Leinöl, kein Waschwachs. Neue Kacheln haben manchmal weiße Flecken, die vom Kalk im Zement herrühren. Diese Flecken können Sie mit einer schwachen Essiglösung entfernen.

KORK Korkbeläge sind empfindlich gegen zu viel Nässe, und sie vertragen kein Waschwachs. Reinigen Sie solche Böden mit einem gut ausgewrungenen Lappen oder Mopp, heißem Wasser und Schmierseife. Wenn Sie eine glatte Oberfläche erzielen möchten, versuchen Sie es mit Bohnerwachs, aber setzen Sie es nur sparsam ein.

Was eine pflegeleichte Wohnung ausmacht:

Platz zwischen den Möbeln

Textilien, die man selbst waschen kann

So wenig Teppiche wie möglich

Ausreichend Stauraum: Kleiderschränke, andere Schränke, Schreibtische, Schubladenelemente, Kisten und Kästen, Regale an den Wänden, strategisch platzierte Putzutensilien

Ein kleiner, hübscher Staubsauger, der nicht versteckt werden muss

Papierkörbe, wo man sie braucht

Wäschekörbe, wo man sie braucht

Nicht zu vergessen: Alles wegwerfen oder verschenken, was man nicht mehr verwendet (aber sicherlich muss man Zugeständnisse machen und sich auch mit Sachen umgeben dürfen, einfach weil man sie schön findet)

DIE KÜCHE

Ein richtiger Großputz in der Küche, so einer, wie man ihn ein paar Mal pro Jahr macht, dauert fast einen ganzen Tag. Die Küche ist ganz eindeutig der schmutzanfälligste Raum in der Wohnung. Zum einen, weil die meisten von uns so viel Zeit darin zubringen, zum anderen, weil die Zubereitung und der Verzehr von Speisen nun mal ihre Spuren hinterlassen. Auch wenn Sie die beste Dunstabzugshaube der Welt besitzen, wird sich mit der Zeit ein feiner Fettfilm über die ganze Küche legen.

DER HERD

Für manche meiner schlecht informierten Freunde war es eine absolute Neuigkeit, dass man den Herd vorziehen kann. Und dass man dies in regelmäßigen Abständen tun sollte. Mindestens drei, vier Mal pro Jahr. Packen Sie den Handgriff der Backofentür und heben Sie den Herd etwas an, während Sie gleichzeitig ziehen. Moderne Gasherde sind mit einem Schlauch an die Gasversorgung angeschlossen und lassen sich ebenso leicht hervorziehen wie Elektroherde. Ältere Modelle sind etwas kniffliger zu handhaben und erfordern die Hilfe eines Experten. Rufen Sie Ihr Gaswerk an und bestellen Sie jemanden, der die Befugnis hat, den Hauptgashahn abzuklemmen. Das ist zugegebenermaßen ein bisschen aufwändig und kostet außerdem Geld

Man muss die Herdseiten ziemlich kräftig schrubben und eine Menge Reiniger anwenden, weil es in der Regel Fettschmutz ist, der

sich angesammelt hat. Ich verwende meist Scheuermilch und einen Schwamm mit Scheuerseite. Mit Wasser nachspülen und anschließend mit einem Tuch trockenreiben.

Auf der Herdoberseite darf man keine groben Scheuermittel oder allzu kratzigen Schwämme benutzen. Beides verletzt den Emailleüberzug und sorgt dafür, dass der Herd dauernd schmutzig aussieht. Im Ausland habe ich eine spezielle Emaille-Pflegecreme entdeckt, die das reinste Wunder bewirkt, sogar ohne Scheuerschwamm.

Am besten ist es natürlich, wenn man versucht, den Herd jedes Mal sofort, wenn er schmutzig geworden ist, zu putzen – dann hat das Fett erst gar keine Zeit, einzubrennen. Falls Sie aber nicht die Sorte Mensch sind, die sich dafür Zeit nimmt, müssen Sie jetzt vermutlich ein bisschen länger schrubben. Nehmen Sie eine handliche Bürste und Allzweckreiniger mit Fettlösekraft (bei solchen Mitteln sind meist blitzende Fliesen oder Ähnliches auf dem Etikett abgebildet). Für die Außenränder der Kochplatten ist eine Zahnbürste gut geeignet. Sind die Ränder sehr verkrustet, kann man sie mit unverdünntem Spülmittel oder Seife einreiben und die Platten eine Weile bei mittlerer Temperatur aufheizen. Mit der Zahnbürste den Außenrand schrubben und hinterher abwischen. Für Herde mit Glaskeramikoberfläche (Ceran) gibt es spezielle Putzmittel.

Machen Sie auch die Kochplatten sauber. Im Drogeriemarkt habe ich Kochplattencreme entdeckt. Nach dem Auftragen – natürlich haben Sie die Platten zuvor sorgfältig mit Stahlwolle-Pads gereinigt –, und wenn Sie das Ganze eine Weile haben einbrennen lassen, sehen die

PLATTEN SCHWÄRZEN

Platten aus wie neu. Ich komme mir anschließend immer vor wie eine Superhausfrau.

Diese Herdplattencreme setze ich übrigens immer dann ein, wenn ich panikputzen muss. Die ganze Küche sieht so sauber aus, wenn der Herd blitzt, und die ganze Prozedur dauert nur ein paar Minuten! Es gibt sogar rote Herdplattenfarbe für den Punkt in der Mitte der Schnellkochplatte!

Gasherde haben Gitter und Brennerringe, die man abnehmen kann. Tun Sie das und waschen Sie sie von Hand oder im Geschirrspüler ab. Entfernen Sie eingebranntes Fett und Essensreste mit Stahlwolle-Pads.

DER BACKOFEN Natürlich muss auch der Backofen gereinigt werden. Und wenn man ihn oft benutzt, noch öfter als die Hinterseite des Herdes. Falls sich alte Reste von Aufläufen, Streuzucker oder Ähnlichem auf dem Boden eingebrannt haben, kann man ihn mit unverdünnter Seife einschmieren und den Backofen auf 75° aufheizen. Nach etwa zehn Minuten wird es leichter sein, den Schmutz zu entfernen. Spülen Sie anschließend sehr gründlich nach.

Die Glasscheibe in der Backofenklappe kann man meistens auch herausnehmen, sodass man zwischen den Scheiben putzen kann.

Der Kuchenrost des Backofens braucht vermutlich auch eine gründliche Reinigung: Spülen Sie ihn per Hand oder in der Geschirrspülmaschine und entfernen Sie eingebrannte Reste mit einem Stahlwolle-Pad.

FETT IN DER DUNST-ABZUGSHAUBE Ich mache die Dunstabzugshaube einige Male pro Monat sauber, aber die Häufigkeit hängt ja auch davon ab, wie oft man kocht. Auch hierzu eignen sich wieder Scheuermilch und ein Scheuerschwamm am besten. Spülen Sie gut mit klarem Wasser nach – andernfalls trocknen die kleinen Partikel, die in der Scheuermilch enthalten sind, fest und die Oberfläche wird umso eher wieder schmutzig. Der Fettfilter in der Dunstabzugshaube muss auch hin und wieder herausgenommen und entweder gereinigt oder ausgewechselt werden (neue Filter gibt es in gut sortierten Haushaltswarengeschäften oder Baumärkten). Weichen Sie den Filter in heißem Wasser mit viel Spülmittel ein oder legen Sie ihn mit in den Geschirrspüler.

Die Fliesen um den Herd herum erhalten dieselbe Behandlung wie die Dunstabzugshaube: Spülmittel und Scheuerschwamm. Fliesen, die nicht so sehr dem Fett ausgesetzt sind, können Sie mit Allzweckreiniger und Schwammtuch abwischen. Verwenden Sie bei Fliesen oder glasiertem Steingut keine Schmierseife: Seife hinterlässt einen Fettfilm. Wringen Sie das Tuch gut aus. Es wird nicht sauberer, wenn Sie mit triefnassem Lappen wischen.

FLIESEN

Die Fugen zwischen Fliesen und Mosaikstücken sind porös, falls sie nicht mit einem Spezialmittel versiegelt wurden. Deshalb muss die fliesen- oder mosaik-verkleidete Wand um die Anrichte herum immer besonders sorgfältig geputzt werden. Scheuern Sie sie des öfteren mit Allzweckreiniger oder einem antibakteriellen Spülmittel. Fettflecken in den Fugen kann man mit Waschbenzin oder Brennspiritus und einer Zahnbürste zu Leibe rücken.

Falls die Fugen hoffnungslos eingegraut sind, kann man neue Fugenmasse aufstreichen, aber erst, nachdem die Fugenspalten einige

Millimeter tief ausgekratzt wurden. Wenn man sich sowieso schon die Arbeit macht, könnte es eine Überlegung wert sein, die alten Fugenreste gänzlich auszukratzen und die Fliesen neu zu verfugen, mit einer Fugenmasse auf Epoxidbasis, wie sie in Krankenhäusern, Molkereien und ähnlichen Einrichtungen verwendet wird, wo höchste Ansprüche an die Hygiene gestellt werden.

KÜHL- UND GEFRIERSCHRANK
Kühlschrank und Gefriertruhe sollten auch ab und zu einer Generalreinigung unterzogen werden, mindestens zweimal pro Jahr, besser öfter. Nehmen Sie alle Sachen heraus, bevor Sie anfangen, und schalten Sie die Geräte aus, falls sie abgetaut werden müssen. Wischen Sie die Schränke mit einem Schwammtuch aus, das sie in Seifenwasser ausgedrückt haben. Reinigen Sie auch die Boxen und Dosen, bevor Sie sie zurück in den Kühlschrank oder die Tiefkühle stellen.

Unter dem Kühl- und Gefrierschrank sammelt sich Staub an. Bei zu viel Staub kann der Kompressor überhitzen und kaputtgehen. Schrauben Sie das Bodengitter ab, damit Sie mit dem Staubsauger unter den Schrank kommen. Bei kleineren Kühl- und Gefrierschränken sollte es möglich sein, sie aus der Einbauzeile hervorzuziehen.

SCHRÄNKE UND SCHUBLADEN
Küchenschränke, Kräuterregale und ähnliche Trockenräume sollte man ebenfalls von Zeit zu Zeit putzen, damit sich keine Lebensmittelmotten oder ähnliches Ungeziefer einnisten können. Besorgen Sie sich praktische Körbe, Schachteln, Dosen und Gläser, in denen Sie Ihre Lebensmittel aufbewahren können, dann wird das Putzen das nächste Mal einfacher. Und das Wiederfinden auch.

80 SAUBER!

In meinem Topfschrank finde ich manchmal kleine Tierchen mit dem ekligen Namen »Speckkäfer« (wohl Verwandte dieser textilfressenden Spezies in der Garderobe, nehme ich an), die mich daran erinnern, dass ich auch hier mal wieder gründlich putzen sollte.

Natürlich müssen auch andere Schränke und Schubladen zwischendurch geputzt werden – in der Regel sieht man ja, wann es soweit ist. Wenn man Schränke hat, die nicht bis an die Zimmerdecke reichen, muss man die Oberseiten einige Male pro Jahr gründlich reinigen und in der Zwischenzeit immer wieder mal abstauben.

Die Schranktüren werden mehrmals pro Monat feucht gewischt. Nehmen Sie einen Lappen und Spülmittel oder Seifenlauge. Allzweckreiniger ist nur angesagt, wenn sie sehr schmutzig sind. Fangen Sie unten an – das klingt vielleicht seltsam, aber damit vermeidet man am besten Ränder. (In meiner Küche sind die Frontseiten der Schränke weiß. Der Vorteil ist, dass man es sieht, wenn sie schmutzig sind. Ich verstehe nicht, wie man allen Ernstes behaupten kann, Weiß sei unpraktisch, das werde doch so schnell schmutzig – meine Mutter hält mir das beispielsweise gerne vor. Ja und? Schranktüren werden doch immer dreckig, egal welche Farbe sie haben. Aber ich kann mich natürlich täuschen.)

Schneidbretter aus Holz säubere ich – oft – mit Salz und Geschirrbürste. Sie werden danach ganz sauber; außerdem hat Salz ja einen bakterientötenden Effekt. Spülen Sie hinterher gut mit kaltem Wasser nach.

SALZ WIRKT ANTIBAKTERIELL

Dieselbe Methode empfiehlt sich bei Arbeitsplatten aus Holz.

ANRICHTE

Laminierte Oberflächen und die Edelstahlspüle putze ich mit dem Mikrofasertuch und Allzweckreiniger oder Geschirrspülmittel. Edelstahl anschließend mit einem trockenen Tuch nachpolieren.

Weinflecken haben die Angewohnheit, sich von laminierten Oberflächen nur schwer entfernen zu lassen. Versuchen Sie es mit Scheuermilch. Meistens klappt es ganz gut.

Gekachelte Arbeitsplatten werden gründlich mit Spülmittel oder Allzweckreiniger geschrubbt, weil sie gerne in den Fugen »zuwachsen«. Denken Sie auch zwischen den Großputzaktionen daran.

Arbeitsplatten aus Marmor sollten mit Bohnerwachs behandelt werden, um eine gegen Schmutz unempfindlichere und leichter zu reinigende Oberfläche zu bekommen. Flecken kann man mit einem Scheuerpulver oder mit Zitrone zu Leibe rücken; bei Fettflecken versuchen Sie es mit Spülmittel oder Waschbenzin. Oder greifen Sie mal zu dem Trick mit dem Salz, gerne auch zu Salz und Sauermilch, wie bei den Fensterbänken aus Marmor (siehe den Abschnitt übers Fensterputzen, Seite 68).

SPÜLE Für den Bereich um die Wasserhähne und für die Fugen nehmen Sie eine Zahnbürste, falls nötig.

Kontrollieren Sie auch den Abfluss und das Abflusssieb, und nehmen Sie einen Rohrreiniger, falls das Wasser nur schwer abläuft. Sind Sie Teetrinker, findet sich um das Abflusssieb herum oft eine unappetitliche braune Haut. Mit einem Stahlwolle-Pad bekommen Sie sie weg. Reiben Sie aber sehr vorsichtig.

Die Deckenlampen in der Küche vergesse ich meist, und wenn es mir dann irgendwann doch einfällt, ist das unübersehbar. Schrauben Sie die Lampenschalen ab und spülen Sie sie in heißem Wasser. Putzen Sie auch die Glühbirnen und Neonröhren mit dem Staubtuch ab.

Was eine pflegeleichte Küche ausmacht:

Keine Teppiche

Körbe in Speisekammer und Kühlschrank, sortierte Lebensmittel-
verpackungen und Zutaten

Mülleimer oder ein Ständer für die Mülltüte, der leicht an einen
anderen Platz gestellt werden kann

Schwämme und Reinigungsmittel in Körben unter der Spüle

So wenig Ziergegenstände wie möglich auf Regalen und Schränken

Keine Polsterstühle, wenn die Bezüge nicht abnehmbar sind

Ein Tablett unter dem Brotschneidebrett sowie unter Dosen und
Flaschen, die draußen stehen

Besteckkörbe in den Schubladen

Freigeräumte Arbeitsflächen

DAS BADEZIMMER

Mindestens zwei Mal pro Jahr räume ich das Badezimmer komplett aus und mache es gründlich sauber. Das ist die einzige Gelegenheit, zu der meine Tochter dazu zu bewegen ist, mir beim Putzen zu helfen. Es macht ihr einen Riesenspaß. Wenn alles ausgeräumt ist, ziehen wir uns nackt aus, und dann setzen wir mit der Handbrause das Bad unter Wasser und scheuern Fußboden, Wände und Decke. Versuchen Sie diese Methode nicht, falls Ihre Waschmaschine im Bad steht.

WÄNDE Nachdem die Wandfliesen geschrubbt, gespült und trockengerieben sind, sieht man gleich, wo man noch mal nachputzen muss. Alte Kalkablagerungen bilden kleine Gebirge. Versuchen Sie allerdings nicht, diese mit harten Scheuerschwämmen zu entfernen, denn die hinterlassen Schleifspuren. Probieren Sie stattdessen die Spezialputzmittel aus, mit denen man solche Ablagerungen bekämpfen kann, oder auch einige der Toilettenreiniger – sie entfernen in der Regel sowohl Rost als auch Kalkrückstände. Man kann auch gewöhnliche Zitronen- oder Weinsteinsäure nehmen: Tupfen Sie einen feuchten Schwamm in das Pulver. Auftragen und eine Weile einwirken lassen, bevor Sie zu scheuern beginnen.

BADEWANNE Dieselben Freunde, die darüber erstaunt waren, dass man den Küchenherd hervorziehen kann, sind ganz überrascht, dass sich meist auch die Frontverkleidung der Badewanne abnehmen lässt (es sei denn, die Badewanne ist rundum gefliest oder auf eine andere Art eingebaut). Es gibt natürlich eine Menge unterschiedliche Modelle; manche haben Füße, die erst abgeschraubt werden müssen, andere Fronten lassen sich dagegen leicht aushaken. Tasten Sie mal probehalber mit den Händen den Wulst unter dem Badewannenrand ab und ruckeln Sie ein bisschen an der Frontplatte.

Wenn man die Front mehrere Jahre lang nicht abgenommen hat, bietet sich einem in der Regel jetzt ein ausgewachsenes Gematsche dar. Spritzen Sie so viel wie möglich mit der Handbrause weg, anschließend nehmen Sie die Schrubberbürste und ein frisch duftendes Reinigungsmittel. Versuchen Sie, alles herauszufischen, was sich hinter der Badewannenverkleidung angesammelt hat: Haarspangen, Seifenreste und die Schraubverschlüsse alter Shampooflaschen.

Waschen Sie den Duschvorhang in der Waschmaschine. Plastikvorhänge können in der Regel eine 40°-Wäsche vertragen. Wenn Sie den Vorhang anschließend in einer Salzlösung spülen, schimmelt er nicht so leicht.

Nehmen Sie das Abflussgitter im Fußboden auf, säubern Sie es und auch den Bereich darunter. Schütten Sie Abflussreiniger ins Siel, falls nötig. Inzwischen gibt es Abflussreiniger, die umweltverträglich sind, befolgen Sie aber trotzdem die Gebrauchsanleitung genauestens, denn das Zeug ist ätzend. Sichtbare Verstopfungen wie Haarknäuel und andere gröbere Dinge müssen Sie natürlich von Hand entfernen. Es empfiehlt sich, dabei Gummihandschuhe zu tragen – sollten Sie sich dennoch davor ekeln, bitten Sie ein anderes Familienmitglied, diese Aufgabe zu übernehmen. Meistens ist das Abflusssiel dafür verantwortlich, wenn es im Badezimmer nachhaltig stinkt.

ABFLÜSSE
UND DEREN INHALT

HANDWASCHBECKEN   Waschbecken und Badewanne erfordern keine schärferen Mittel als Allzweckreiniger und Schwamm oder Lappen. Wenn ein tropfender Wasserhahn für braune Ränder gesorgt hat, können Sie ihnen mit WC-Reiniger zu Leibe rücken (oder etwas Zitronensäure direkt auf den Schwamm geben). Benutzen Sie niemals Reinigungsmittel oder Utensilien, die Schrammen verursachen könnten. Die Armaturen putzen Sie – wie in der Küche auch – am besten mit einer Zahnbürste. Wasserhähne und andere verchromte Details werden wieder blank, wenn sie nach dem Putzen mit einem trockenen Lappen poliert werden.

Auch der Abfluss des Handwaschbeckens muss von Zeit zu Zeit gesäubert werden, entweder manuell oder mit einem Abflussreiniger. Schauen Sie nach, ob sich das Abflussknie ganz oder teilweise abschrauben lässt, dann ist die Reinigung von Hand viel einfacher.

WC   Toilettendesigner scheinen zu Hause keine Toiletten putzen zu müssen. So viele Krümmungen und Biegungen und unnötige Winkel! Schrauben Sie die Klobrille ab – wenn Sie nicht gerade ein besonders ungewöhnliches Modell besitzen, sollte es mit zwei simplen Schrauben hinten an der Kloschüssel befestigt sein. Scheuern Sie den WC-Sitz mit einem eigens dafür vorgesehenen Schwamm oder einer Bürste sowie einem Allzweckreiniger in der Badewanne bzw. in der Dusche ab (Plastiksitze haben die Tendenz, mit den Jahren eine recht unappetitliche Färbung anzunehmen oder Risse zu bilden – kaufen Sie einen neuen!). Mit demselben Schwamm / derselben Bürste putzen Sie die Außenseiten der Kloschüssel. Falls ein normaler Allzweckreiniger nicht ausreicht, geben Sie in die Innenschüssel einen WC-Reiniger und lassen ihn nach

Gebrauchsanweisung einwirken. Scheuern Sie mit der Klobürste sorgfältig unter dem Rand und auch im Abflussknie nach.

Falls Sie beabsichtigen, Ihr Bad zu renovieren, denken Sie auch an die Pflege. Kaufen Sie möglichst Sanitärbecken, die an der Wand hängen. So glatt wie möglich.

DOSEN; FLASCHEN; BADEZIMMERKRAM Wischen Sie die Badezimmerschränke aus. Putzen Sie die Spiegel mit Glasreiniger und trockenem Lappen, möglichst aus Leinenstoff, der nicht fusselt. Säubern Sie auch alle Dosen, Flaschen und Tuben, bevor Sie sie zurück in Schränke und Regale stellen.

Wünschen Sie sich zu Ihrem nächsten Geburtstag doch einfach einen Vorrat an Körben, Gläsern, Dosen, Schachteln und Stoffbeuteln, dann können Sie den ganzen Kram praktisch, hübsch und sauber verstauen. Lassen Sie auch die Schwämme für Toilette und Waschbecken im Badezimmer liegen, eingeklemmt hinterm Wasserrohr oder an einer anderen praktischen Stelle. Dann greifen Sie danach, wenn es nötig ist, und nicht erst, wenn Sie Zeit dafür haben.

SCHIMMELNDE LÜFTUNG? Vergessen Sie nicht, hin und wieder die Lüftungsklappen im Badezimmer zu kontrollieren: Falls Sie bemerken, dass sich »Blasen« bilden, haben Sie vermutlich eine Schimmelkolonie entdeckt, die man natürlich wegputzen kann.

Sorgen Sie dafür, dass das Badezimmer richtig trocknen kann, wenn Sie fertig geputzt haben – lassen Sie die Tür auf und öffnen Sie auch das Fenster, falls Sie ein Glückspilz sind und Ihr Bad eins hat.

Was ein pflegeleichtes Badezimmer ausmacht:

WC und Waschbecken hängen ohne Bodenkontakt an der Wand
Ausreichend Haken sowie Handtuchhalter, an denen die Handtücher schnell trocknen
    können
Körbe/Kästen/Schalen für Shampooflaschen und andere Dinge, die offen herumstehen
Haltevorrichtungen oder Becher für Zahnbürsten und Zahnpasta
Ausreichend Platz in Regalen und Schränken
Duschvorhang oder -kabine
Badematten, die in der Maschine gewaschen werden können

Silberfische
sind (anders als Kopf-
schuppen) ein Zeichen, dass
man nicht sauber genug ist.
Sie leben nämlich unter anderem
von Hautresten und Haaren.
Und sie sind nicht nur eklig, sondern
können sich tatsächlich in der gesamten
Wohnung verbreiten; sie fressen
Tapeten, Bücher und
Ähnliches an.

Mit
dem
Klo nehme
ich es besonders
genau. Die Toilette
kann so eklig sein, dabei ist
sie der wichtigste Raum im Haus.
Alle Leute benutzen sie. Mein großes missionarisches Anliegen ist, dass
die Männer im Sitzen pinkeln. Darüber habe ich mit allen meinen
Männern gestritten.
AMELIA ADAMO

DER FLUR

Über den Flur gibt es in Bezug auf das Putzen vielleicht nicht viel zu sagen, außer dass der Fußboden öfter als in den anderen Räumen geschrubbt und gewischt werden muss. Einige Worte mehr kann man dagegen über Garderoben- und Schuhschränke verlieren. Mäntel und Jacken auf Kleiderbügeln und geputzte Schuhe im Schuhregal können dem Flur schon ein recht aufgeräumtes Aussehen geben. Außerdem ist es besser für Kleidung und Schuhe. Hängen Sie alle Straßenkleidung weg, die Sie im Moment nicht unbedingt brauchen.

AUFRÄUMEN NACH JAHRESZEITEN

Am allerbesten ist es natürlich, wenn man ausreichend Platz für die Aufbewahrung der Garderobe hat oder die Möglichkeiten, die zur Verfügung stehen, klug ausnutzt. Es sieht schon viel ordentlicher aus, wenn die Straßenkleidung weggehängt oder in Kisten und Regalen verstaut ist. Falls Sie keinen Platz für große Garderobenschränke haben, gibt es welche, die nur 30 cm tief sind. Und dann braucht man natürlich Garderobenhaken an der Wand und mindestens ein Schuhregal. Vielleicht noch eine Ablage für Mützen, Handschuhe und Tücher. Außerdem eine robuste Fußmatte, die dafür sorgt, dass Schneematsch und Streusand nicht in die Wohnung getragen werden.

Der Flur ist tendenziell ein Raum, in dem sich alle möglichen Sachen ansammeln. Ich denke, damit sollte man sich abfinden und lieber dafür sorgen, dass es geeignete »Sammelstellen« gibt: eine Schale oder ein Schränkchen für Schlüssel, ein Tablett für die Post, ein Haken zum Aufhängen von Taschen, eine Möglichkeit zum Aufbewahren von Fahrradhelmen, Schlittschuhen, Eishockeyschlägern, Boule-Kugeln u.ä.

Was einen pflegeleichten Flur ausmacht:

Ausreichend Möglichkeiten zum Wegpacken, Wegpacken, Wegpacken ...
Schuhregal
Garderobe
Eine Möglichkeit, Mützen, Handschuhe und Halstücher zu verstauen
Fußmatte
Nur die Mäntel, Jacken und Schuhe, die in dieser Jahreszeit getragen
werden

So halten Straßenkleidung und Schuhe länger:

Lüften
Auf Kleiderbügel hängen
Putzen
Schuhspanner benutzen

DAS WOHNZIMMER

Um eine Sache kümmere ich mich normalerweise beim Großreinemachen nicht, und das sind die Bücherregale. Glücklicherweise bin ich bisher in regelmäßigen Abständen umgezogen, und da ergibt es sich ganz von allein, dass man die Bücher abstaubt, bevor man sie in der neuen Wohnung wieder ins Regal stellt. Aber sie sind unglaubliche Staubfänger, und inzwischen habe ich mir was Nettes für den nächsten Bücher-Großputz einfallen lassen. Ich habe mir nämlich vorgenommen, ein paar meiner besten Freunde einzuladen und nach dem Essen eine gute Flasche Wein aufzumachen. Dann können wir zwischen den Bücherstapeln sitzen, den Staubwedel schwingen und dabei schwatzen. Meine Eltern veranstalteten früher immer wunderbare Herbstpartys, die damit begannen, dass alle Gäste Laub harken mussten. Ich vermute, dass ihnen das gut gefallen hat, denn sie kamen jedes Jahr gerne wieder. Da sollte es eigentlich mindestens ebenso gemütlich und weniger anstrengend sein, eine Herbst- oder Frühjahrsbüchergroßputzparty zu feiern.

Nehmen Sie sich die Bücherregale vor, ehe Sie den Rest des Zimmers sauber machen.

POLSTERMÖBEL

Sofas, Sessel und andere Polstermöbel müssen mindestens zweimal pro Jahr gereinigt werden. Das bedeutet, dass die Bezüge gewaschen, die Kissen ausgeklopft oder wenigstens gelüftet und alle Flächen, Ritzen und Ecken der Gestelle gründlich abgesaugt werden müssen.

Der Fußboden im Wohnzimmer muss natürlich regelmäßig feucht gewischt werden, aber einmal pro Jahr oder vielleicht alle zwei Jahre brauchen alte, abgenutzte Parkettböden eine Versiegelung, um wieder ihren alten Glanz zu bekommen. Sicher finden auch Sie eine Parkettversiegelung, die nicht entfernt zu werden braucht, bevor man eine neue Schicht aufträgt. Aber natürlich muss der Fußboden vorher geschrubbt und gewischt werden und anschließend gut trocknen, ehe die Versiegelung aufgetragen wird. Nehmen Sie dazu einen angefeuchteten Lappen – mit dem Schwamm lässt sich das Mittel nur ungleichmäßig verteilen. Schütten Sie jeweils nur wenig auf den Boden und verreiben Sie es dünn. Es ist natürlich von Vorteil, wenn man das Zimmer so weit wie möglich ausräumen kann, bevor man anfängt.

MANCHE HOLZARTEN BRAUCHEN EINE SPEZIALBEHANDLUNG Ältere Möbel aus Edelhölzern wie Teak, Mahagoni und Walnuss brauchen ebenfalls Pflege, allerdings mit spezieller Möbelpolitur oder mit Bienenwachs. Reinigen Sie das Holz zuerst mit Seifen- oder Spülmittellauge und einem gut ausgewrungenen Lappen. Geben Sie danach etwas Pflegemittel auf den Lappen und verteilen Sie es gut. Möbel aus anderen Hölzern vertragen meistens, ebenso wie lackierte Möbel, einfaches Seifenwasser ganz gut. Fettflecke können mit Essig und Wasser entfernt werden.

Normale cremige Poliermittel für verschiedene Metalle (Kupfer, Messing o.ä.) helfen auch bei Ringen, wie sie Gläser hinterlassen (Alkohol- oder Wasserflecken) oder bei hitzegeschädigten Holzoberflächen: Reiben Sie das Mittel in Faserrichtung auf und lassen Sie es eine Weile einwirken.

Was ein pflegeleichtes Wohnzimmer ausmacht:

Polstermöbel mit abnehmbaren, waschbaren Bezügen

Hängeregale an den Wänden

Rollen unter schweren Möbelstücken und unter dem Fernseher

Versiegeltes Parkett

Kein unnötiger Nippes

DAS SCHLAFZIMMER

BETTEN Es ist wohl nur ein Ammenmärchen, aber ich will es Ihnen trotzdem nicht vorenthalten, weil man danach so ein wahnsinniges Bedürfnis hat, sich neue Betten zu kaufen: Alte Bettdecken und Kopfkissen, die mit Federn oder Daunen gestopft sind, bestehen nach einigen Jahren fast nur noch aus Milbenkot. Das ist sicher mächtig übertrieben, aber es sammeln sich mit den Jahren tatsächlich eine Menge Milben an. Kissen und Bettdecken kann man waschen, und man sollte es auch mehrmals pro Jahr tun. Federbetten muss man anschließend viele Stunden lang im Wäschetrockner trocknen. Geben Sie ein paar Tennisbälle mit in den Trockner, dann wird die Feder- oder Daunenfüllung schön locker. Gutes Auslüften der Betten hält den Milbenbefall ebenfalls einigermaßen in Grenzen.

Saugen Sie das Bettgestell und die Matratzen von allen Seiten ab. Ein paar Schläge mit dem Teppichklopfer können auch nicht schaden.

Jalousien und Rollos werden ebenfalls abgesaugt. Stecken Sie dazu die kleine Bürstendüse auf. Vielleicht müssen Sie auch noch mit einem feuchten Mikrofasertuch nachhelfen.

KLEIDERSCHRÄNKE PUTZEN Ein paar Mal pro Jahr ist es Zeit, Kleiderschränke und Schubladen auszuleeren. Vielleicht sollten Sie auch Ihre Wollpullover waschen, selbst wenn Sie sie zwischendurch nicht getragen haben. Hängen Sie alle Kleidungsstücke, die Sie nicht regelmäßig waschen, nach draußen an

die frische Luft. Bei dieser Gelegenheit sollten Sie alles wegwerfen oder zur Kleidersammlung geben, was Sie nicht mehr anziehen, und sortieren Sie aus, was genäht oder geflickt werden muss. Wischen Sie Schränke und Schubladen gründlich aus. Wenn Sie das regelmäßig tun, haben Sie in der Regel keinen Ärger mit Kleidermotten. Ich lege außerdem immer Lavendelkissen zwischen meine Sachen. Ich bilde mir ein, dass dies der Grund ist, warum die kleinen Löcherfresser meine Kleidung in Ruhe lassen; sie mögen vermutlich den Geruch nicht (ich dagegen mag ihn). Lavendel kann man lose in der Apotheke kaufen, und falls man keine Lust hat, Säckchen zu nähen, kann man natürlich auch Stoffreste zuschneiden und zu kleinen Beuteln knoten.

Sind Ihre Schränke mit ausreichend Drahtkörben versehen? Falls nicht, und falls Sie noch Platz haben, sollten Sie welche dazukaufen. Damit haben Sie eine bessere Übersicht im Schrank und es ist einfacher, Ordnung zu halten.

Hängen Sie Kleidungsstücke, die Sie in der aktuellen Jahreszeit nicht brauchen, in einen alten Schrank im Keller oder auf dem Dachboden. Es ist ein schönes Frühlingsritual, den Winter wegzupacken.

Was ein pflegeleichtes Schlafzimmer ausmacht:

Betten auf hohen Füßen

Jalousien zwischen Außen- und Innenfenster

Möglichst ein Balkon zum Lüften, oder wenigstens eine Stange vor dem Fenster

Ausreichend Kleider-, Wäsche- und Schubladenschränke

DAS KINDERZIMMER

Kinder zu haben ist quasi gleichbedeutend mit Sisyphus-Aufräumarbeit oder nie endenden Ermahnungen. Meine Tochter Siri war schon als ganz kleines Mädchen jedes Mal tödlich beleidigt, wenn ich vorschlug, dass wir doch gemeinsam ihre Spielsachen aufräumen könnten. Ich Spielverderberin, ich Nörgelhexe. Sie hat natürlich begriffen, dass ich ganz gerne putze, und meint bestimmt, sie macht mir eine Freude, wenn ich hinter ihr herräumen darf. Im Übrigen kann sie ganz schön wütend werden, wenn ich putze und der Staubsauger am Samstagmorgen ihre geliebten Zeichentrickserien im Fernsehen übertönt.

PUTZGEMEINSCHAFT Dass sie aus eigenem Antrieb Ordnung schafft, ist noch nie vorgekommen, obwohl sie inzwischen schon ziemlich groß ist und es durchaus zu schätzen weiß, wenn es sauber ist (sie ist schließlich meine Tochter). Also machen wir es gemeinsam, und ich hoffe natürlich, dass sie als Erwachsene keine Abneigung gegen das Putzen entwickelt, wo sie doch als Kind schon nicht damit behelligt wurde. Dabei haben wir immer viel Zeit zum Reden; wir verstehen uns richtig gut, wenn wir ihre Spielsachen aufräumen, und darum geht es ja meistens, wenn man Kinder im Spielalter hat.

Mit Siris Spielsachensammlung wuchs auch die Menge an Regalen und Kisten in ihrem Kinderzimmer. Ehrlich gesagt sind Spielsachen meistens nicht besonders hübsch und schon gar nicht geschmackvoll. Als ich schwanger war, stand für mich fest: Wenn es ein Mädchen wird, dann wird sie niemals schockrosa Spielsachen bekommen – ich hasse dieses künstliche Rosa, besonders in Kombination mit Türkis. Nun, ich bekam ein Mädchen und dieses Mädchen bekam und bekommt eine Menge wenig ästhetischer Spielsachen (wieso muss eigentlich alles im Leben einer Barbie pinkfarben sein?), und je mehr man davon in Kisten und Kästen verstauen kann, desto besser.

Jetzt haben wir also Kisten mit Deckel unter dem Bett, für alle Barbies und derer Kleider und Puppenhauseinrichtungen; Kästen in den Regalen für Draußen-Spielsachen wie Sprungseile, Bälle und Jojos, für Schätze und Souvenirs, für Puppenkleider, Puppengeschirr und Puppenmahlzeiten; eine große Truhe mit Anziehsachen zum Verkleiden; Schachteln mit Schmuck und Schminksachen; Plastikschachteln in der Schreibtischschublade für Kleinkram. Und so weiter, und so weiter. Es braucht selten mehr als eine Viertelstunde, die ganzen Sachen in ihre jeweiligen Kisten und Kästen zu packen. (Ausnahme: Wenn Siris beste Freundin Agnes hier war und die beiden alle, aber wirklich alle Behälter auf dem Fußboden ausgekippt haben, sodass dieser unter dem ganzen Durcheinander nicht mehr zu erkennen ist. Dann gibt es ordentlich Schimpfe, aber nur dann.)

ORDENTLICH WEG-PACKEN

Das Kisten-und-Schachtel-System ist leicht durchschaubar und Siri kennt es seit ihrem vierten Lebensjahr, deshalb fragt sie fast nie »Wo ist …?«.

Beim Großputz ist es sehr einfach, zwischen den Kisten zu putzen, und sie lassen sich leicht auf den Dachboden, in den Hobbykeller oder zu anderen kleinen Kindern transportieren, wenn Siri mit den Sachen darin nicht mehr spielt.

Einige Spielsachen wandern nicht in Kisten und Kästen, sondern dürfen gerne offen stehen bleiben, damit es auch nach Kinderzimmer aussieht. Die Plüschtiere zum Beispiel. Wie alles Flauschige sind sie nach einer Weile ziemlich schmutzig von Staub und Spiel und sehen unappetitlich aus. Zum Glück kann ich die meisten davon waschen, ohne dass sie ihre Schmusequalität verlieren, manche mit der Hand, manche in der Maschine. Die maschinenwaschbaren überstehen in der Regel auch den Wäschetrockner. Dasselbe gilt für die Sachen zum Verkleiden, die vom Gebrauch natürlich genauso schmutzig werden wie normale Kleider.

PUPPENGESCHIRR ABWASCHEN

Andere Spielsachen werden beim Großputz abgewaschen oder feucht abgewischt. Man vergisst es leicht, aber bei Spielzeug für Kleinkinder sollte man ebenso auf Hygiene achten wie bei Schnullern, denn fast alles wird in den Mund genommen. Wann haben Sie das letzte Mal ein Puppenservice abgewaschen?

Wie es ist, wenn man einen Teenager im Haus hat, kann ich natürlich nur vermuten, aber ich hoffe, dass Siri bis dahin selber einen Hang zu Ordnung und Sauberkeit entwickelt hat. Und dass sich ihr ästhetisches Empfinden verfeinert.

Was ein pflegeleichtes Kinderzimmer ausmacht:

Ausreichend Regale

*Kisten, Kästen und Haken, sodass alle Spielsachen ihren
  Platz haben*

Originalkartons für Lego und Puzzlespiele

Waschbare Spielsachen

Teppiche, die man in der Maschine waschen kann

Ganz wenig Polstermöbel

Eltern, die gerne für ihre Kinder putzen

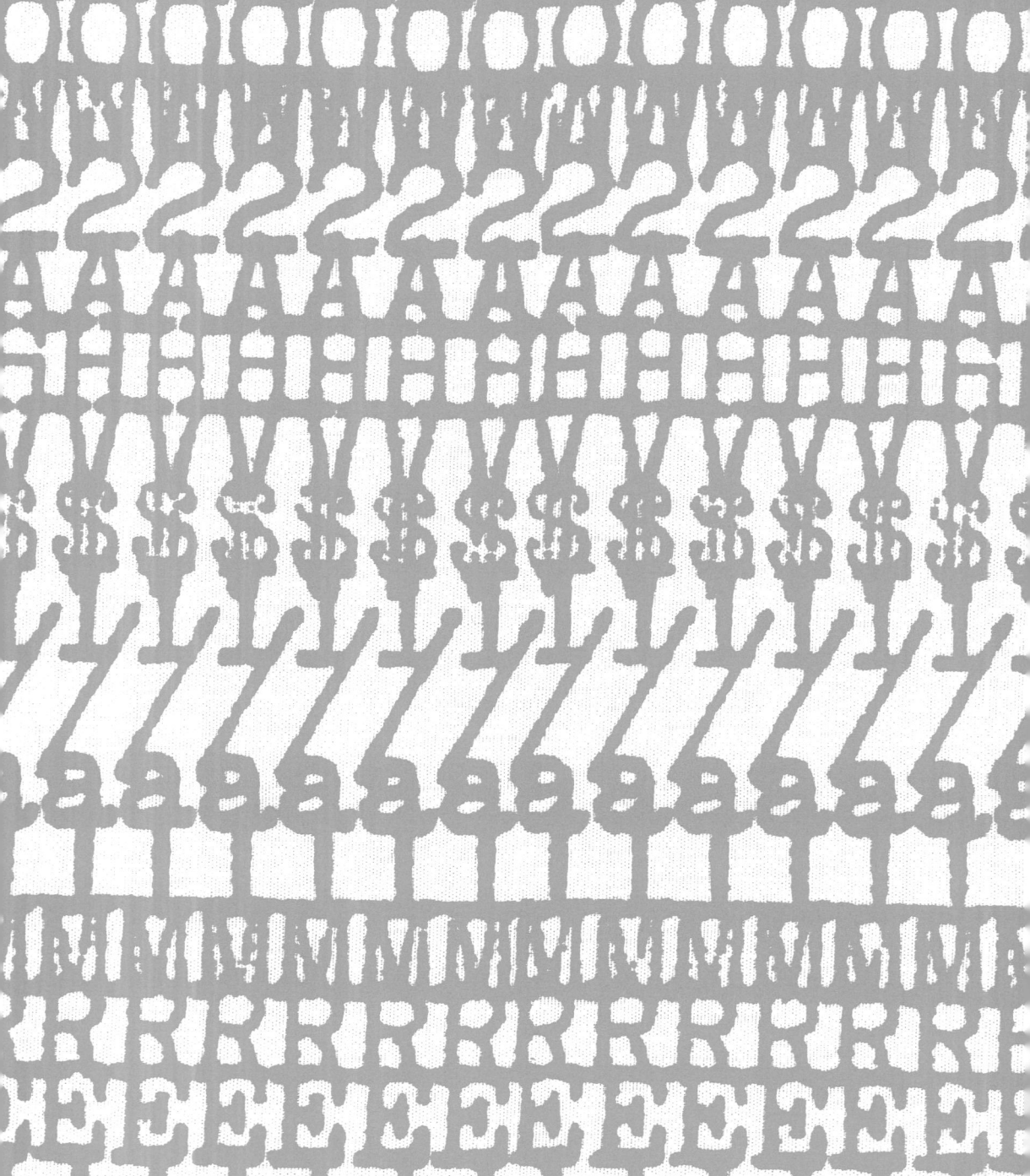

DER ARBEITSPLATZ ZU HAUSE

Ein Arbeitsplatz zu Hause kann natürlich alles Mögliche sein: ein eigenes Zimmer mit Computer oder Werkbank, eine Ecke in Wohn- oder Schlafzimmer, wo man sitzt und näht. Allen Typen von Job- oder Hobbyarbeitsplätzen ist gemeinsam, dass sie leicht unordentlich werden und einstauben. Hier heißt es wirklich, sich genau zu überlegen, was man braucht, und auf die Suche nach Aufbewahrungsmöglichkeiten zu gehen. Und nicht zuletzt: auszusortieren und wegzuwerfen.

Schaffen Sie sich so viele Schubladencontainer wie möglich an, viel- **ROLLCONTAINER** leicht einen für jedes Familienmitglied oder einen für jede Funktion (Büroartikel, Fotos, Werkzeug, Nähzubehör ...). Am besten auf Rollen, sodass man denjenigen hervorziehen kann, den man gerade braucht; außerdem kann man leichter darunter und drumherum sauber machen.

Und dann eine Menge Zeitschriftensammler, Kisten, Kästen, Schachteln, Ordner, Schubladen oder was immer man braucht, um Ordnung zu halten. Kleben Sie beschriftete Etiketten darauf, so dass jeder sehen kann, was sich darin befindet. Besteckeinsätze in Schubladen helfen, Ordnung bei Stiften und Nähgarn zu halten. Ganz gleich, woran man arbeitet, ist es eine Erleichterung, wenn der Arbeitstisch so aufgeräumt wie möglich ist.

Besorgen Sie sich eine Wachstuchdecke, die untergelegt werden kann, wenn Sie mit Malfarben und Klebstoff arbeiten. Das Klecksen und

Kleckern macht mehr Spaß, wenn man hinterher nicht allzu viel putzen muss.

KABEL VERSTECKEN Computer bringen eine Unmenge von Kabeln mit sich. Moderne Büromöbel sind oft mit einer Kabelführung unter der Schreibtischplatte versehen, in die man die Kabel verlegen kann, aber wenn man schon einen guten Tisch besitzt, kann man natürlich auch selbst eine Profilschiene oder ein stabiles Plastikrohr als Kabelführung unter die Platte schrauben. Und falls Sie den Tisch ausschließlich als Computerschreibtisch benutzen, ist es eine besonderes pfiffige Idee, wenn die Arbeitsplatte ein Loch hat, durch das man die Kabel ziehen kann. Entweder Sie bohren es selbst hinein oder Sie beauftragen eine Tischlerei. Loch und Kabelführung sind natürlich auch eine gute Idee für Bohr- und Nähmaschinenkabel.

COMPUTER UND FRENSEHER Computer ziehen mächtig viel Staub an. In Baumärkten und anderen Geschäften mit großem Angebot an Reinigungsmitteln erhalten Sie Anti-Statik-Sprays. Sie eigenen sich gut für Computerbildschirme und Fernseher. Reinigen Sie den Monitor mit Brennspiritus oder Glasreiniger. Brennspiritus können Sie auch für Tastatur, Drucker, Faxgerät und Telefon verwenden. Säubern Sie die Zwischenräume auf der Tastatur von Zeit zu Zeit mit einem Küchentuch oder saugen Sie sie mit dem Staubsauger ab (verwenden Sie dazu die kleine Bürstendüse).

Was ein pflegeleichtes Arbeitszimmer ausmacht:

Vorrichtur gen, um Kabel zu verbergen

Geeignete Aufbewahrungsmöglichkeiten

Ordnung und System und eindeutig beschriftete Etiketten

Vorkehrungen für klecksende/klebrige Arbeiten

Wäsche

Falls Sie mein Predigen über Aufbewahrungsmöglichkeiten immer noch nicht satt haben, erhalten Sie hier nun eine Liste, was alles zu einer gut organisierten »Waschküche« gehört: Kisten, Kästen, Regale, Schränke. Und Haken. Und eine durchdachte Planung, um schwer zugängliche Ecken und Winkel zu vermeiden. Befindet sich Ihre »Waschküche« im Badezimmer, ist Ihr Platz natürlich begrenzt, aber das sollten Sie als Herausforderung nehmen. Wir, die wir beengt wohnen, müssen gute Ideen haben.

Wenn Sie einen eigenen Raum zum Wäschewaschen haben, kann man Ihnen nur gratulieren. Aber ist er auch durchdacht eingerichtet? Gibt es Arbeitsflächen und Schränke genug? Eine normale Kücheneinrichtung eignet sich hervorragend als Waschküchenmöblierung, und das Angebot ist ja wirklich groß, sowohl was die Ausstattung als auch den Preis angeht.

WASCHKÜCHE EINRICHTEN

Da in der Waschküche mit sauberer Wäsche hantiert wird, versteht es sich von selbst, dass der Raum sauber ist; dass man wie in allen anderen Räumen staubwischt, staubsaugt und den Fußboden feucht wischt. Wie überall ist es auch hier einfacher, wenn es möglichst wenig Ecken und Winkel gibt, in denen sich Schmutz ansammeln kann.

111

Was eine pflegeleichte Waschküche ausmacht:

Regale oder Schränke für Waschpulver und Weichspüler

Fleckentferner

Behälter für Schmutzwäsche und saubere Bügelwäsche

Abflusssiel im Fußboden

Schränke auf hohen Füßen

Nun einige Tipps zum Waschen selbst. Es scheint ganz einfach zu sein: SORTIEREN die Wäsche nach Farben sortieren und die Waschempfehlungen befolgen. Aber die Pflegeanleitungen in den Kleidungsstücken sind oft recht vage gehalten – die Textilhersteller drücken sich vor präzisen Angaben, weil sie Reklamationen vermeiden wollen.

Manche mögen mich für überpedantisch halten, weil ich meine Wäsche nach Farben sortiere – allerdings haben meine weißen Textilien nie einen Grauschleier oder einen schmutzig-rosa Farbschimmer. Ich wasche ganz einfach Weißes nur mit Weißem zusammen und alles andere, was auch nur den kleinsten andersfarbigen Streifen oder Tupfer hat, in einem separaten Waschgang. Vielleicht eine unnötige Vorsichtsmaßnahme, aber so man vermeidet auf jeden Fall unliebsame Überraschungen. Die Buntwäsche kann in mindestens zwei, drei Haufen sortiert werden: helle Farben, dunkle Farben und vielleicht auch noch eine Maschinenladung mit schwarzer Kleidung.

Und dann lege ich einen vierten Haufen mit Textilien an, die höchstens eine 30°-Wäsche vertragen – eine Pflegekennzeichnung, die in den letzten Jahren immer üblicher geworden ist.

Weißwäsche wasche ich bei 60° oder 90°-95°, sonst wird sie nicht TEMPERATUR richtig weiß. Textilien, die man direkt auf der Haut trägt, werden ebenfalls nicht sauber, wenn sie nicht heiß genug gewaschen werden; die hohen Temperaturen sind nötig, um Schweiß und andere Absonderungen des Körpers aus dem Gewebe zu lösen. Gymnastikanzüge zum Beispiel, die nur Hand- oder Feinwäsche vertragen, riechen manchmal

114   SAUBER!

schon nach kurzem Tragen nach altem Schweiß, obwohl man sie frisch gewaschen angezogen hat.

Kaufen Sie keine Unterwäsche, die nur bei 40° gewaschen werden darf. Oder versuchen Sie es trotzdem mit 60°, falls es sich um Baumwolle handelt. Baumwolle sollte mehr als 40° aushalten, sonst handelt es sich um minderwertige Qualität. Bei Weißwäsche wähle ich auch immer den Vorwaschgang.

Buntwäsche wasche ich bei 40° oder 60°, je nach Pflegeanleitung und je nachdem, um welche Farbe es sich handelt. Manche Farben – wenn das Kleidungsstück 60°-Wäsche verträgt – bleiben bei 60° tatsächlich länger frisch als bei 40° und verlieren sogar ihre Farbkraft, wenn sie zu kalt gewaschen werden. Bettlaken und Handtücher erfordern aus denselben Gründen wie Unterwäsche möglichst hohe Waschtemperaturen.

Verwenden Sie für Weißwäsche und Buntwäsche verschiedene Waschmittel, einmal mit, einmal ohne optische Aufheller. Besonders unverträglich sind Waschmittel mit Bleichzusatz für schwarze Textilien. Ich habe viele schwarze Kleidungsstücke in meiner Garderobe. Einige Male pro Jahr gönne ich meinen Lieblingssachen ein schwarzes Farbbad in der Maschine, denn die Farben verblassen auch dann, wenn man Waschpulver ohne Aufheller nimmt. Kleidung in der Maschine ein- oder umfärben geht ganz prima, man darf nur nicht vergessen, die Waschmaschine hinterher sauber zu machen: Lassen Sie die Maschine leer, aber mit Waschpulver, ein 90°-Programm mit Vorwäsche durchlaufen.

Neuerdings gibt es Produkte, die »ausblutende« Farbe beim Waschen aufsaugen. Dabei handelt es sich um eine Art Löschpapier, das

VERSCHIEDENE WASCHMITTEL

man zusammen mit der Wäsche in die Waschtrommel gibt. Wenn man sich ansieht, wie viel Farbe das Papier nach dem Waschgang angenommen hat, scheint die Sache zu funktionieren.

Viele Viskosetextilien und andere neue Materialien mit Mikrofasern, Elastan und Ähnlichem sollen laut Pflegeanleitung bei 30° gewaschen werden. Bei höheren Temperaturen kann das Kleidungsstück seine Form verlieren. Oft halten die Sachen zumindest die nächsthöhere Waschtemperatur aus – heute sind übervorsichtige Pflegevorschriften auf dem Etikett eher die Regel als die Ausnahme. Aber Sie sollten das schon beim Kauf berücksichtigen. Vielleicht ist das Kleidungsstück zu teuer, um ein Risiko einzugehen. Wenn es sich um etwas handelt, das Sie direkt am Körper tragen, ist es vielleicht besser, auf den Kauf zu verzichten.

CHEMISCHE REINIGUNG Übervorsichtige Pflegeangaben sind auch bei Kleidung, die chemisch gereinigt werden soll, völlig üblich. Chemische Reinigung wird ab und zu sogar auf Pflegeetiketten von Baumwolltextilien vorgeschrieben. Alle Naturmaterialien wie Baumwolle, Leinen und Wolle sind normal waschbar. Aber dies sind auch Materialien, die in der Wäsche einlaufen können (falls die Textilien nicht schon vorgewaschen sind). Gestrickte Wollpullover kann man natürlich selbst waschen, aber Kleidungsstücke wie Mäntel, Jacken und Blazer aus Wollstoff könnten dabei aus der Fasson geraten. Eine moderne chemische Reinigung besteht oft darin, dass die Kleidung schlichtweg in Wasser gewaschen wird. Nachdem die alten Verfahren vor einigen Jahren aus Umweltschutzgründen verboten wurden, hat die Reinigungsbranche spezielle Waschmaschinen und schonende Trockenverfahren entwickelt.

WÄSCHE 117

Sie können selbst auch schonendere Waschmethoden ausprobieren. Anstatt die Kleidungsstücke in die chemische Reinigung zu bringen, können Sie sie in lauwarmes Wasser legen, in dem Sie Schmierseife aufgelöst haben. Oder stellen Sie ihre eigenen Seifenflocken mithilfe von unparfümierter Seife und einer Gemüsereibe her. Lassen Sie das Kleidungsstück lange in der Waschlauge liegen – ein paar Stunden oder über Nacht. Schwenken Sie es von Zeit zu Zeit vorsichtig hin und her, aber drücken oder wringen Sie es nicht. In lauwarmem Wasser ausspülen.

Weniger empfindliche Wollsachen können Sie natürlich auch im Wollwaschgang Ihrer Maschine waschen. Am besten legen Sie nicht mehr als drei Kleidungsstücke in die Trommel.

Fleckenentfernung

Entfernen Sie Flecken vor dem Waschen, und zwar möglichst sofort, damit der Fleck nicht eintrocknet (durch die Wäsche könnte er sich sonst im Gewebe festsetzen).

Benutzen Sie Fleckenentferner, Waschpulver oder normale Seife.

Legen Sie ein sauberes weißes Tuch als Unterlage direkt unter den Fleck und tupfen Sie das Waschmittel mit einem feuchten Lappen oder Küchenpapier auf, bis das Gewebe gut durchdrungen ist. Eventuell vorsichtig (!) reiben. Anschließend mit lauwarmem Wasser ausspülen und wie gewohnt waschen.

ÖL UND ANDERE FETTE – Geschirrspülmittel, und wenn das nicht hilft: BEI HARTNÄCKIGEN FLECKEN
    Terpentin
SCHMINKE– Waschbenzin
GESCHMOLZENE SCHOKOLADE – sofort in kaltem Wasser einweichen
BLUT – sofort in kaltem Wasser einweichen
ROTWEIN – zuerst Salz, anschließend kaltes Wasser
KERZENWACHS – so viel wie möglich abbrechen, dann auf beide Seiten
    Küchenpapier legen und bügeln

Zitrone ist ein ausgezeichnetes Bleichmittel für alles Mögliche, bei- BLEICHEN MIT ZITRONE
spielsweise Flecken von Wein, Tomatensauce, Tee u.v.m. Aber seien
Sie vorsichtig, wenn Sie Zitronensaft auf farbigen Textilien anwenden,
denn unter Umständen bleicht auch die Farbe aus.

Das sollte man im Haus haben

SPIRITUS
WASCHBENZIN
TERPENTIN
ZITRONE
SALZ
FLECKENENTFERNER (falls Sie mal in Frankreich sind: Kaufen Sie
    unbedingt »Diable Détacheur« – das Mittel wirkt unglaublich!)

WÄSCHE TROCKNEN

Wäsche trocknen ist bestimmt keine Kunst – befolgen Sie einfach die Pflegesymbole! Ich persönlich trockne Textilien aus Jersey nie im Wäschetrockner. Man weiß nie, was mit den Nähten oder der Größe passiert. Aber wenn Waschmaschine und Wäschetrockner (in der Anleitung könnte »Tumbler« stehen) im Bad stehen und Sie keine Möglichkeit – oder keine Lust – haben, Ihre Wäsche zum Trocknen auf Leinen oder Wäscheständer zu hängen, leistet der Trockner gute Dienste. Wenn Sie noch keinen haben, sich aber einen anschaffen wollen, achten Sie darauf, dass er mehrere Trockenprogramme mit unterschiedlichen Temperaturen und Trockengraden hat (beispielsweise »schranktrocken«, »bügeltrocken« und »restfeucht«).

Manche Materialien werden duftiger und flauschiger, wenn sie im Trockner getrocknet werden, z.B. Frottee, Fleece u.ä. Daunenjacken und Federbetten müssen nach dem Waschen in den Trockner, damit sie durchtrocknen, bevor sie anfangen können zu schimmeln, und damit die Daunen und Federn nicht verklumpen. Wie schon erwähnt: Beim Trocknen ein paar Tennisbälle in der Trommel lockern die Federn auf.

GLATT AUFHÄNGEN

Auch wenn ich mit meinen Jerseykleidungsstücken sehr penibel bin, gehöre ich nicht zu den Menschen, die es für nötig halten, Unterwäsche, T-Shirts, Pyjamas und Socken zu bügeln. Allerdings achte ich darauf, dass die Sachen so glatt wie möglich sind, bevor ich sie aufhänge. Das gilt übrigens auch für die Textilien, die in den Wäschetrockner sollen. Schlagen Sie sie kräftig aus, ziehen Sie verkrumpelte Nähte gerade und hängen Sie alles glatt auf. Verwenden Sie viele Wäscheklammern, damit die Kanten nicht zipfelig werden.

Schwere Kleidungsstücke sollten möglichst liegend, nicht hängend, getrocknet werden, damit sie nicht ausleiern. Wickeln Sie Wollpullover in ein Badelaken und drücken Sie so viel Wasser wie möglich heraus. Nehmen Sie ein neues, trockenes Handtuch und lassen Sie den Pullover darauf trocknen. Ich nehme immer ein Bügelbrett als Trockenständer für die Handtücher mit den Wollsachen. Legen Sie feuchte Wäschestücke auf gar keinen Fall auf Holzoberflächen – das Holz kann durch die Feuchtigkeit Schaden nehmen.

Die schönste Art, Wäsche zu trocknen,
ist natürlich im Garten.
Die trockene Wäsche duftet so unglaublich gut,
wenn man sie hereinholt.

Waschtipps:

Packen Sie weder die Waschmaschine noch den Trockner zu voll – die Trommel sollte nur zu zwei Dritteln gefüllt sein, damit die Wäsche sich richtig bewegen kann. Bei Wollsachen die Trommel nur zu einem Drittel befüllen.

Nicht mehr Waschpulver nehmen als auf der Packung angegeben (rufen Sie Ihre Wasserwerke an, wenn Sie nicht wissen, welchen Härtegrad das Wasser bei Ihnen im Ort hat).

Bedruckte Kleidungsstücke auf links wenden, sodass die Innenseite nach außen zeigt.

Klettverschlüsse schließen, bevor Sie sie in die Maschine geben, damit sie sich nicht mit Fasern aus den anderen Wäschestücken zusetzen.

Legen Sie Bügel-BHs nur in einem Wäschesack in die Maschine.

Müssen Pullover/Jacke/Wollhosen wirklich gewaschen werden? Vielleicht reicht es, sie auslüften zu lassen.

Waschen Sie Ihre dicken Wintersachen mehrmals pro Saison. Zwischendurch auslüften und abbürsten.

Daunenjacken kann man in der Maschine waschen. Anschließend im Trockner trocknen, dabei Tennisbälle oder – saubere – Turnschuhe mit in den Trockner geben.

Pflegen Sie Ihr (Dampf-)Bügeleisen. Machen Sie es sauber und entkalken Sie es ab und zu.

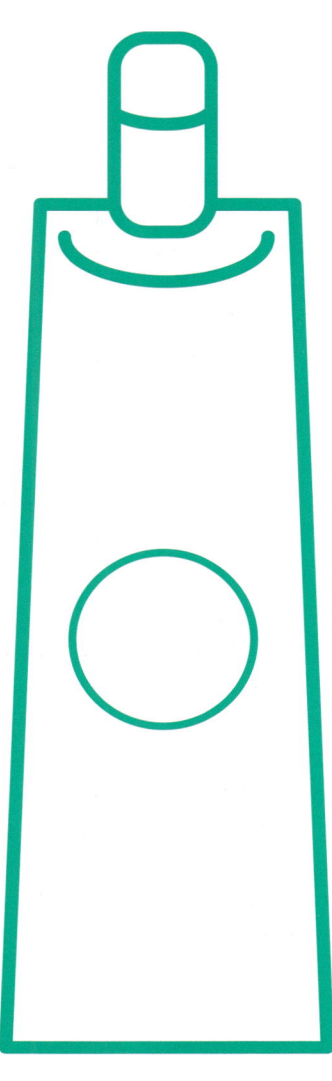

MANGELN

Ich habe den Eindruck, dass Mangelautomaten in normalen Haushalten ziemlich wenig benutzt werden, obwohl das Mangeln im Vergleich zum Bügeln eine echte Zeitersparnis ist. Natürlich kann man der Meinung sein, glatte Bettbezüge und Geschirrtücher seien generell unnötig, aber wenn Sie einmal in gebügelter Bettwäsche geschlafen haben, werden Sie diesen Extraaufwand eventuell doch in Erwägung ziehen. Außerdem brauchen glatte Bettbezüge weniger Platz im Schrank.

Es gibt Heißmangeln und Kaltmangeln, aber die Funktionsweise ist ganz ähnlich (außer dass eine Kaltmangel bessere Ergebnisse bringt – eine Heißmangel arbeitet eher wie ein riesiges Bügeleisen). Die Wäsche darf nicht ganz trocken sein. Das Wäschetrocknerprogramm »restfeucht« ergibt in der Regel ein Trockenresultat, das für eine Mangel gut geeignet ist.

KLEINTEILE Ziehen Sie das Mangeltuch ganz heraus und schlagen Sie die Walze einmal glatt ein, bevor Sie die Mangelwäsche auflegen. Kopfkissenbezüge, kleinere Laken und andere kleinere Sachen legen Sie dann auf das Mangeltuch auf, beginnend am normalerweise roten Rand. Legen Sie den Kopfkissenbezug Kante auf Kante, richten Sie ihn gerade aus und ziehen Sie ihn glatt, während Sie ihn einrollen. Geschirrtücher und Servietten kann man etwas versetzt übereinander legen. Lassen Sie die Mangelwalze einige Minuten lang rotieren.

Große Laken und Tücher faltet man zwei- oder dreifach und »befestigt« sie an den letzten 30 bis 40 Zentimetern des Mangeltuchs. Falls man sie zu weit vorn an der Walze auflegt, verknäulen sie sich und es wird beinahe unmöglich, die Feuchtigkeit herauszubekommen. Laken und Bezüge mit Knöpfen kann man nicht auswalzen, weil sonst die Knöpfe platzen würden. Ich lasse sie in der Mangel vor und zurück rollen, indem ich den Start- und Stoppknopf betätige.

Nach beendetem Mangelvorgang schaltet man die Maschine in den Leerlauf und wartet, bis die Walze sich vom Stoff abhebt und stehen bleibt. Dann braucht man nur noch zu ziehen. Falls das etwas schwer geht, was passieren kann, wenn man dickere Stücke mangelt, kann man die Mangel selbstverständlich auch in den Rückwärtsgang schalten.

Wenn man ganz genau sein will, kann man natürlich auch Kopfkissenbezüge, Geschirrtücher und Stoffservietten »plätten«. Falten Sie sie dreifach und schieben Sie eine Ecke in die laufende Mangel, dann kommen sie mit Bügelfalte wieder heraus.

Mit ein bisschen Übung kann man es schaffen, ein Hemd
in 15 Minuten zu bügeln – und es sieht trotzdem gut gebügelt aus.
Man versucht natürlich in erster Linie die größte Sorgfalt
auf die sichtbaren Teile zu verwenden, über eine Falte am Rücken
kann man auch mal hinwegsehen.

DAS EINMALEINS DER GUTEN HAUSFRAU

BÜGELN

Sortieren Sie die Bügelwäsche nach Temperatur und nehmen Sie sich zuerst die Teile vor, die die geringste Hitze erfordern. Beginnen Sie an den Säumen und den Details wie Kragen, Manschetten, Taschen, Aufschlägen und Ähnlichem. Textilien aus Kunstfasern bügelt man von der Innenseite.

Das Bügeln wird leichter, wenn die Wäsche noch etwas feucht ist, auch wenn man ein Dampfbügeleisen nimmt. Kunstfasern sollten allerdings so trocken wie möglich sein. Wenn Sie Wolle bügeln, legen Sie ein Tuch zwischen Bügeleisen und Textilstück.

● ● ● Baumwolle und Leinen
● ● Seide und Wolle
● Nylon, Acryl, Polyester, Acetat

SCHUHPFLEGE

Es ist kein Geheimnis, dass gepflegte Schuhe länger halten (und besser aussehen). Der Standardtipp heißt: Schuhspanner verwenden und niemals ein und dasselbe Paar Schuhe mehrere Tage hintereinander tragen. Wie sie gepflegt werden müssen, hängt vom Material ab.

STOFFSCHUHE   Stoffschuhe mit Gummisohlen kann man hervorragend in der Maschine waschen (bei 40°) und in den Trockner geben. Sollte nach dem Waschen noch ein Hauch von Schweißfuß in den Turnschuhen hängen, leistet ein Geruchskiller wie z.B. »Febreze« gute Dienste. (Bei uns in Schweden wird für das Mittel mit dem unglaublich idiotischen Reklamespruch geworben: »Es war wirklich ein gelungenes Fest gestern Abend, aber das Sofa riecht, als ob die Gäste immer noch drauf säßen!«)

GLATTLEDER   Wenn Sie Ihre Lederschuhe in regelmäßigen Abständen putzen, halten sie länger. Bürsten Sie Sand und Schmutzreste ab. Tragen Sie Schuhcreme in der passenden Farbe auf und lassen Sie sie geraume Zeit einwirken, vielleicht sogar über Nacht. Dann mit einem weichen Tuch polieren. Beim Militär wird einem beigebracht, die Schuhe mit Spucke zu putzen. Na ja, Soldaten haben ja in der Regel sehr blanke Stiefel...

Falls die Innensohle herausnehmbar ist, kann man sie in der Maschine waschen.

WILDLEDER   Wildlederschuhe werden mit einer Gummibürste gepflegt. Zum Auffrischen der Farbe gibt es spezielles Wildlederspray. Die Absätze können mit Schuhcreme poliert werden (natürlich nur, wenn sie nicht mit Wildleder bezogen sind).

Imprägnierspray gehört ebenfalls zur Standardausrüstung im Schuhputzkasten. Es schützt gegen Nässe und verhindert bei Winterschuhen hässliche Salzränder. Robustere Stiefel kann man auch imprägnieren, indem man sie mit Lederfett einreibt, aber das Leder wird dadurch etwas dunkler. Imprägnieren Sie das Schuhwerk, bevor Sie es putzen. IMPRÄGNIEREN

Einige Tipps:

Stopfen Sie zusammengeknülltes Zeitungspapier in nasse Schuhe, dann trocknen sie schneller.
Trocknen auf der Heizung macht das Leder kaputt.
Ledersohlen nutzen schnell ab. Lassen Sie vom Schuster Gummisohlen aufziehen.
Abgenutzte Schuhe sollten Sie rechtzeitig zum Schuster bringen.
Richtige Schuhmacher können die meisten Schäden reparieren, wie etwa durchgescheuertes Futter und kaputte Nähte. Retten Sie Ihre Lieblingsschuhe und sparen Sie Geld!
Enge Schuhe kann man weiten, aber an der Länge lässt sich nichts ändern. Bringen Sie sie zum Schuster, oder übernehmen Sie die Arbeit selbst, indem Sie zu enge Schuhe mit dünnen Nylonstrümpfen »einlaufen«.
Bearbeiten Sie Salzränder mit Zitrone.

Wenn Sie fertig sind

Mit Freude putzen, hat wie Sie sehen, sehr viel mit Planung zu tun. Vergessen Sie bei den Planungs- und Vorbereitungsarbeiten nicht, ein paar hübsche Belohnungen einzubauen, damit Sie etwas haben, worauf Sie sich freuen können – außer auf das erhebende Gefühl, es geschafft zu haben, und die glückliche Zufriedenheit, wenn Sie sich das Ergebnis anschauen. Hat man den Hausputz ganz allein bewältigt, ist ja wohl das Mindeste, das man erwarten kann, dass diejenigen, die nicht mithelfen mussten, wenigstens für einen Teil der Belohnung sorgen.

Ich nehme hinterher am liebsten ein richtig schönes Bad (meist habe ich vorher geduscht). Dann will ich zwischen schwimmenden Blüten oder unter Bergen von Schaum liegen. Danach möchte ich einen Drink genießen und nicht noch Essen kochen müssen. Wenn man Single ist wie ich, kann man sich ja ein Sushi oder etwas Indisches nach Hause kommen lassen. Für ein Essen im Restaurant dürfte man nach einem solchen erfolgreichen Großeinsatz viel zu müde sein.

Vielleicht bevorzugen Sie auch etwas anderes? Schwere Kuchen oder Unmengen von Bonbons oder Schokolade. (Bonbons sind übrigens perfekt geeignet, um sie in die Schürzentaschen zu stopfen und schon während des Putzens als Zwischen-Belohnung oder zur Stabilisierung des Blutzuckers zu naschen.) Saubermachen ist eine derart kräftezehrende

Angelegenheit, dass man sich das ruhig gönnen kann. Oder warum nicht einen Drink zwischendurch, gerne mit einem Schuss Rum?

Leckere Belohnungen

MOJITO

6 cl weißer Rum
 ½ Limette, in Stücke geschnitten
2 cl Zuckerlösung
  6 Minzeblätter sowie einen Minzezweig
     Sodawasser

Das Fruchtfleisch der Limette zerdrücken und zusammen mit der Zuckerlösung und den Minzeblättern in ein Whiskyglas geben. Gestoßenes Eis hineintun und mit dem weißen Rum übergießen. Anschließend mit Sodawasser auffüllen und umrühren. Mit dem Minzezweig dekorieren.

Zuckerlösung wird wie folgt hergestellt: Wasser und Zucker zu gleichen Teilen in einen Topf geben, fünf Minuten unter Rühren aufkochen. Abschäumen und abkühlen lassen.

CAIPIRINHA

6 cl weißer Rum (ersatzweise Wodka)
  1 Limette
2 cl Zuckerlösung

Limette ir Stücke schneiden, zerdrücken und zusammen mit der Zuckerlösung in ein Whiskyglas geben. Gestoßenes Eis hineintun und mit dem Rum übergießen. Umrühren.

GIN FIZZ

4 cl Gin
      Zuckerlösung
      Zitronensaft
      Sodawasser

Alle Zutaten außer dem Sodawasser in einen Shaker geben, schütteln und abseihen. Mit Soda auffüllen. Enthält immerhin Vitamin C.

ERDBEER-DAIQUIRI

4 cl brauner Rum
2 cl Zuckerlösung
1 cl frisch gepresster Zitronensaft
      frische Erdbeeren und Eis

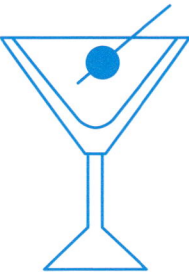

Alles mixen und in ein Glas füllen.

Im Übrigen ist ein guter klassischer GIN-TONIC auch nie verkehrt!

Anna Bergströms gepuderte Zitronenecken

FÜR DEN TEIG	2,5 dl (ca. 150 g) Weizenmehl
	0,5 dl (ca. 30 g) Zucker
	1 TL Vanillezucker
	150 g zimmerwarme Butter

FÜR DIE ZITRONEN-CREME	3 Eier
	2 dl (ca. 200 g) Zucker
	0,5 dl (ca. 30 g) Weizenmehl
	abgeriebene Schale einer großen Zitrone
	5 EL frisch gepresster Zitronensaft
	Puderzucker zum Bestäuben

Am besten bereiten Sie den Teig in der Küchenmaschine zu. Geben Sie Mehl, Zucker und Vanillezucker in die Schüssel und obendrauf die Butter. Verarbeiten Sie das Ganze rasch zu einem Teig. Drücken Sie den Teig mit bemehlten Fingern in eine Springform und backen Sie ihn auf der mittleren Schiene 15 Minuten bei 200°. In der Zwischenzeit schlagen Sie mit dem Schneebesen Eier und Zucker schaumig. Geben Sie Weizenmehl, Zitronenschale und Zitronensaft hinzu. Die Masse auf dem vorgebackenen Teig verteilen und weitere 8–10 Minuten backen, bis die Creme gerade eben fest geworden ist. Anschließend mit viel Puderzucker überstäuben. Lassen Sie den Kuchen abkühlen, bevor Sie ihn aus der Form nehmen und in Rechtecke schneiden. Lecker!

Schwerer Klitschkuchen der Schwestern Voltaire

     2 Eier
   3 dl (ca. 180 g) Zucker
1,5 dl (ca. 80 g) Weizenmehl
   150 g geschmolzene Butter
  3 EL Kakaopulver
   2 dl (ca. 175 g) grob gehackte Nüsse (Wal- oder Haselnüsse)

Mit einem Holzlöffel alle Zutaten zu einem großen Klumpen verrühren.
In eine gut gefettete Form geben und bei 175° ca. 30 Minuten backen.
Mit Schlagsahne servieren.

BLUMEN, OBST UND
GEMÜSE Und dann gönne ich mir Blumensträuße sowie viel Obst und Gemüse, hübsch angerichtet in großen Schüsseln und Schalen und verteilt auf Küche und Wohnzimmer. Ich finde, es macht nichts, wenn man mehr Obst und Gemüse kauft als man tatsächlich aufessen kann, oder wenn man etwas kauft, was man gar nicht essen will, denn Früchte sind genauso schöne Einrichtungsdetails wie Blumen. Einige Gemüsesorten bewahrt man sogar besser bei Raumtemperatur auf anstatt im Kühlschrank: Tomaten schmecken beispielsweise viel besser, wenn sie bei Zimmertemperatur stehen. Auberginen und Paprika halten sich außerhalb des Kühlschranks nicht lange, aber bis sie verderben, sind sie dafür umso schöner. Chilischoten sehen sogar dann noch schön aus, wenn sie getrocknet sind (und man kann sie wie frische verwenden, wenn man sie eine Weile wässert). Melonen und Kürbisse halten sich lange.

BLUMENBELOHNUNG
NACH SAISON Im Herbst schwelge ich in Chrysanthemen und Astern, diesen extrem langlebigen Blumen in verschiedenen Varianten: die normalen Herbstastern, die aussehen wie vergrößerte bunte Gänseblümchen, oder einzelne große Prachtchrysanthemen, oder Sträuße von künstlich gefärbten Mini-Chrysanthemen. Wenn man die Stiele anschneidet und das Wasser regelmäßig wechselt, halten sie sich wochenlang. Beim Blumenkauf lohnt es sich immer nachzufragen, wie sie behandelt werden sollen, und den Rat dann auch zu befolgen. Das gilt natürlich auch für Topfpflanzen, die besonders üppig gedeihen, wenn man ihnen beim Frühjahrsputz neue Erde gönnt.

Nach dem Großreinemachen im Frühjahr will ich am liebsten Tulpen in der Wohnung haben. Und ich kaufe auch manchmal billige Krokusse in Töpfen; sie werden am schönsten, wenn man sie aus ihren Plastiktöpfen nimmt und zu mehreren in eine Glasschale oder flache Vase pflanzt. Dieselben Schalen fülle ich vor Weihnachten mit grobem Kies und setze Narzissenzwiebeln und weiße Hyazinthen hinein. In die hohen Glasvasen, in denen im Frühjahr Birken- oder Apfelzweige stehen, stelle ich im Dezember weiße Amaryllis.

AMARYLLIS Amaryllis kann man als Schnittblumen oder als Zwiebeln kaufen. Die Zwiebeln brauchen einige Wochen, bevor die Blüte austreibt. Setzen Sie die Zwiebel mindestens fünf Wochen vor Weihnachten ein, oder wann immer Sie die volle Pracht genießen wollen. Die Wurzeln der Zwiebel sollten sich erst richtig voll Wasser saugen, bevor Sie sie in einen Topf einsetzen (wobei ungefähr die halbe Zwiebel über der Erde bleibt). Danach will die Amaryllis nur noch sparsam gegossen werden. Höchstens einmal pro Woche, während der Blütenstiel wächst, sonst wird er zu lang. Sorgen Sie dafür, dass die Zwiebel so viel Licht wie möglich bekommt. Wird der Blütenstiel trotzdem zu lang, können Sie ihn natürlich abschneiden und stattdessen in eine hohe Vase stellen.

Amarylliszwiebeln kann man aufheben, aber es ist nicht ganz einfach, sie genau zu Weihnachten zum Blühen zu bringen (die man im Handel kaufen kann, sind spezialbehandelt): Nehmen Sie die verblühte Blüte ab und lassen Sie den Stiel verwelken. Behandeln Sie die Zwiebel mit den restlichen Blättern bis zur Sommermitte wie eine normale

Topfpflanze. Dann stellen Sie das Gießen ein. Setzen Sie den Topf mit der Zwiebel an einen kühlen Platz, jedoch nicht zu kalt. Im Oktober beginnen Sie dann wieder mit dem Gießen.

Narzissenzwiebeln werden in grobkörnigen Sand oder Kies gesetzt, den Sie in eine flache Schüssel oder Glasschale füllen. Streuen Sie Kies über die Zwiebeln, bis nur noch wenige Zentimeter der Zwiebelspitze sichtbar sind. Füllen Sie Wasser ein, sodass es die Zwiebeln fast erreicht. Versuchen Sie die Wasserhöhe konstant zu halten, bis die Blütenstiele nach drei, vier Wochen aus den Zwiebeln austreiben.

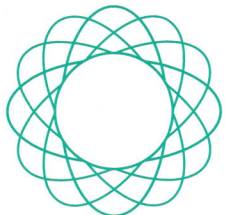

Beziehungskisten und Putzstreit

Lieber Himmel, was soll man dazu sagen. Es kommt einem doch schon zu den Ohren heraus, diese ewige Genörgel übers Putzen, über unterschiedliche Toleranzschwellen und das unterschiedliche Was und Wie. Dagegen muss man doch was tun können! Streitigkeiten übers Saubermachen sind viel häufiger als Streitigkeiten übers Geld. Ein Drittel aller Beziehungskräche haben das Saubermachen zum Anlass, wenn man einer repräsentativen Untersuchung glauben darf. Das bedeutet, dass sie doppelt so häufig vorkommen wie Streitigkeiten über Geld.

Als Erstes wollen wir mal festhalten, dass der Ordnungssinn nicht genetisch bedingt ist; es gibt kein Putz-Gen. Wie sonst auch oft, geht es um Know-how, also um etwas, das man lernen muss. Wobei ich natürlich hoffe, dass dieses Buch seinen Teil dazu beitragen kann.

Auch ewige Streitthemen müssen irgendwann mal ausgeräumt werden können – ich wünsche mir das wirklich und habe meinen Bekanntenkreis nach Tipps durchforstet, wie andere Menschen solche Probleme lösen. Ein paar eigene – wenn auch weniger glückliche – Erfahrungen kann ich ebenfalls beisteuern.

Wenn das Know-how schon nicht in der Erbmasse liegt, spielt doch sicherlich die Umgebung, in der jemand aufwächst, eine große Rolle. Zum einen im Hinblick auf das Talent, zum anderen im Hinblick auf die Toleranz. Mir ist aufgefallen, dass die Sache mit der Toleranz eine Generation zu überspringen scheint, sodass pedantische Mütter Kinder bekommen, denen Schmutz und Unordnung nichts ausmachen, und umgekehrt.

TOLERANZ Beginnen wir mit der Toleranzschwelle. Es gibt kein »Richtig« und kein »Falsch«, wenn es darum geht, wie unordentlich oder unsauber eine Wohnung sein darf. Natürlich gibt es eine Reihe von hygienischen Gesichtspunkten, aber das heißt ja noch nicht, dass derjenige, der eine klinisch reine Wohnung fordert, der bessere Mensch ist. Manche Menschen halten ja Pedanterie für einen psychischen Defekt. Ich persönlich bin der Meinung, dass die Person, die eine sehr niedrige Toleranzschwelle hat, auch die Verantwortung dafür tragen sollte, dass die Wohnung den Grad an Ordnung und Sauberkeit aufweist, den er oder sie fordert. Im Gegenzug kann man verlangen, dass der Partner/das Kind einen wichtigen Teil der Arbeiten übernimmt, die getan werden müssen. Es gibt eine ganze Menge von Aufgaben, die erledigt werden müssen, damit alle zufrieden sind. Wenn man erwartet, dass die Wohnung immer tipptopp aufgeräumt ist oder dass die Spüle täglich blitzt, und wenn der Rest der Familie dies für übertrieben hält, dann muss man eben selbst dafür sorgen, dass sich der gewünschte Zustand einstellt. Aber dann darf man vom Partner auch eine Gegenleistung verlangen. Vielleicht etwas, auf dass er oder sie selbst großen Wert legt – etwa saubere Waschbecken oder ein rundum frisches Klo.

Zwei von drei Frauen zwischen 18 und 64, die in einer Partnerschaft leben, geben an, dass die Hauptlast des Putzens bei ihnen liegt.

TEMO

80 Prozent der Männer zwischen 18 und 29 geben an, dass sie ebenso viel putzen wie ihre Partnerinnen. 43 Prozent ihrer Freundinnen / Ehefrauen bestätigen dies.

UNTERSUCHUNG ZUR STELLUNG DER FRAU IN DER GESELLSCHAFT, JUNGE ERWACHSENE ZUM THEMA PUTZEN / TEMO

PUTZPLAN? Es ist ja entsetzlich öde und schauerlich unromantisch, einen Putzplan aufzustellen, aber im Hinblick auf das Streitvermeidungspotenzial ist er sicherlich ebenso effektiv wie eine Abmachung darüber, wofür und von wem das Haushaltsgeld ausgegeben wird – und die Aufstellung eines Wirtschaftsplans haben wohl die meisten Beziehungen überlebt. Und es ist ja nicht nötig, einen Dienstplan zu zeichnen und ihn an die Wand zu heften. Vielmehr kann man sich, wenn gerade kein Krach wegen des leidigen Saubermachens herrscht, in aller Ruhe zusammensetzen und besprechen, was zu tun ist und wie oft es getan werden muss, damit alle Beteiligten sich wohlfühlen. Konflikte sind immer dann am schwersten beizulegen, wenn sie akut sind. Wie oft müssen wir staubsaugen? Was gehört zu einem normalen Wochenputz? Wer pinkelt im Stehen? Wer ekelt sich am meisten davor, die Spritzer wegzuwischen? Wie lange dauert das? Was machst du am liebsten/was hasst du am meisten? Willst du jede Woche dieselben Arbeiten machen, oder sollen wir uns abwechseln? Das muss doch gehen, es will ja keiner meckern oder sich anmeckern lassen. »Ich wollte gerade mit dem Putzen anfangen, aber jetzt, wo du mich anmeckerst, habe ich die Lust verloren.«

Es ist irgendwie witzlos, den Mülleimer absichtlich nicht auszuleeren, nur um zu sehen, wie lange der Partner das mitmacht, bevor ihm/ihr der Geduldsfaden reißt. Es ist außerdem ein überaus schlechter Scheidungsgrund – nach der Trennung muss man dann den Mülleimer nämlich *jedes Mal* selbst ausleeren.

KEINER IST BESSER Sieger ist nicht der größere Putzfetischist, auch hat er/sie am Verhandlungstisch nicht unbedingt die besseren Karten. In die gleiche Kategorie gehört auch, dass der Pedant es sich meist nicht nehmen lässt, die Arbeit des Nicht-Pedanten zu kontrollieren, wenn er oder sie dann doch putzt. Das macht keinen Spaß. Verwenden Sie Ihre Energie auf Ihre eigenen Aufgaben, anstatt herumzulaufen und die Putztechnik Ihres Partners zu überprüfen. Hauptsache ist doch, dass die Arbeit getan wird. Geben Sie Ihrem Partner dieses Buch hier, oder bringen Sie ihm in einem eigenen Grundkurs ein für alle Mal bei, wie es gemacht wird. Am besten dann, wenn Sie gemeinsam festlegen, wer welche Arbeiten übernimmt. Und für alle Nicht-Pedanten: Sehen Sie ein, wie erniedrigend es ist, zu fragen, was Sie tun sollen oder wann Sie es tun sollen.

Der Putzmärtyrer ist eine trübe Tasse. Ich war selbst mal einer, deshalb weiß ich, wovon ich rede. Meine Experimente, das Aufräumen, Müllwegbringen, Geschirrspülerausräumen usw. zu umgehen, führten – natürlich – zu nichts. Was ich damit demonstrieren wollte, war vermutlich: »Schau mal, wie viel ich tue, ohne dass du es merkst.« Natürlich war ich diejenige, die am meisten unter der Unordnung litt; mein Mann litt wahrscheinlich eher darunter, dass ich so schlecht gelaunt war. Wir hätten das ausdiskutieren sollen, bevor es so weit kam. **MÄRTYRER**

Die amerikanische Psychologieprofessorin Francine Deutsch beschreibt in ihrem Buch »Having it all: how equally shared parenting works«, wie Männer lernen, dass Inkompetenz sich lohnt: Männer tun so, als würden sie nichts merken, oder sie brauchen so lange für eine Arbeit, dass die Frau es lieber gleich selbst macht. Andere Typen putzen irgendwann doch, aber widerwillig und mit einem so mürrischen Gesicht, dass die **VERSCHLEIERUNGS-TAKTIKEN**

Partnerin sich das nächste Mal scheut, ihn zu fragen. Seltsam, dass Frauen immer noch um »Hilfe« bitten, nicht wahr? Glauben Männer eigentlich, dass Frauen Putzen toll finden? Und nicht anstrengend? Oder glauben sie, sie hätten ein Recht darauf, es besser zu haben als Frauen? Oder gelten die Schlüsse, die Francine Deutsch zieht, nur für amerikanische Männer? Es ist eine ziemlich grausame Taktik, den anderen auf die Geduldsprobe zu stellen – und man hat es sich selbst und seinen faulen Tricks zuzuschreiben, wenn der Partner/die Partnerin irgendwann die ganze Beziehung satt hat.

UNGLEICHE PAARE Damit nicht alle putzfaulen Männer an dieser Stelle das Buch aus der Hand legen, will ich noch schnell berichten, dass Francine Deutschs Männer/Frauen-Einteilung natürlich nicht immer zutrifft. In meinem Freundeskreis gibt es ein Paar, bestehend aus der schlampigsten Frau, die ich kenne, und einem unglaublich ordnungsliebenden Mann. Als sie zu ihm zog, fragten sich alle, ob das wohl gut gehen würde. Natürlich ging das gut. Die Liebe überwindet ja alles. Nach ungefähr einem halben Jahr sah sie ein, dass er irgendwann demnächst einen Berg von Frust angehäuft haben würde, weil sie sich nicht im Geringsten am Putzen beteiligte. Sie kam ja nie dazu. Es war sicher klug von ihr, von sich aus das Thema anzuschneiden, wie die Arbeit etwas gerechter verteilt werden könnte. »Und wie habt ihr das geregelt?«, fragte ich. »Nun, er saugt die Wohnung täglich durch und wischt zwei-, dreimal pro Woche den Küchenfußboden. Ich bin für das Badezimmer verantwortlich, das zweimal pro Woche geputzt werden soll.« Jetzt verstehen Sie vielleicht, warum sie nie dazu kam, irgendwo Schmutz zu entdecken.

Haben Sie versucht zu verhandeln, ohne dass es geholfen hat? Dann stellen Sie diesen verflixten Putzdienstplan auf und nageln Sie ihn an die Wand! Wenn Besuch kommt, hängen Sie ein Bild davor.

JOAKIMS KISTE Ich habe eine Freundin, deren Mann so ist wie die meisten Männer: Er lässt seine Sachen fallen, wo er gerade geht und steht. Das Problem ist, dass sie nicht so ist wie er (huch, wie ungewöhnlich!). Aber sie hat nichts dagegen, hinter ihm herzuräumen. Er jedoch hat enorme Probleme damit, dass er seine Sachen nie wiederfindet, wenn sie aufgeräumt hat. Besser gesagt, er *hatte* Probleme, denn sie kaufte ganz einfach eine riesige Kiste, die sie – ordentlich wie sie ist – mit dem Etikett »Joakims Kiste« versah. In die legt Joakims geliebte Partnerin nun alle Sachen, die Joakim um sich herum verstreut: einzelne Socken, Rechnungen, Schlüssel, Werkzeug, Zahnbürste – you name it. Sie muss das Zeug nicht mehr sehen. Er weiß, wo er suchen muss. Sie ist glücklich. Er ist glücklich. (Jetzt wollen sie sogar heiraten. Nach vierzehn Jahren.) Die einzige Bedingung ist, dass Joakim sich einmal pro Monat den Inhalt vornimmt, unnütze Sachen aussortiert und alles andere an seinen rechtmäßigen Platz legt, damit die Kiste nicht überquillt.

KRISTINAS SAMMLUNGEN Kristina versuchte einen ähnlichen Trick. Sie kaufte mehrere Kisten und Kästen, Schachteln und Körbchen und platzierte sie an strategischen Stellen, an denen sich die Sachen ihres Partners Anders anzusammeln pflegten. Ein Körbchen für Post und Schlüssel gleich hinter der Eingangstür; ein hübsches Hängeregal mit kleineren Fächern für Rechnungen und Belege für die Wand neben dem Schreibtisch;

ein Mini-Wäschekorb für das Schlafzimmer, wo sich sonst immer die Strümpfe auf dem Fußboden häuften.

Kaum war Jenny in ein eigenes Haus gezogen, fiel ihr auf, dass Nachbarn und gute Freunde nicht den »guten« Eingang benutzten, sondern durch die Waschküche ins Haus polterten. Dort aber sah es meistens schrecklich aus, mit all den Stiefeln und Jacken der Kinder, der ganzen Hobbyausrüstung und was sonst noch herumstand und darauf wartete, weggeräumt zu werden. Jenny erkannte schnell, dass es einfacher war, klug geplanten Stauraum zu schaffen, als die Familie und sich selbst dauernd zu ermahnen, die Kleider ordentlich an die Flurgarderobe zu hängen und die Hobbysachen in die Garage zu tragen. Oder den Freunden beizubringen, die »richtige« Eingangstür zu benutzen. Nach einer Totalrenovierung ist die Waschküche inzwischen einer der schönsten Räume des Hauses.

JENNY PASST SICH AN

Man muss manchmal die Wirklichkeit an die Wirklichkeit anpassen.

Einmal, als ich nach Hause kam, lag da ein trauriger Zettel auf dem Küchentisch: »Mein Schatz, in dieser Unordnung kann ich nicht bleiben!« Kjell-Olof war gekommen, gleich wieder gegangen und saß jetzt in der Kneipe, bis ich fertig aufgeräumt hatte. Aber die Liebe besiegt bekanntlich alles Übel, und obwohl es uns viel Zeit und Nerven gekostet hat, habe ich meine Persönlichkeit verändert. Heute hänge ich meine Jacke gleich auf, wische den Küchentisch ab und kann ein Wollmaus identifizieren. Und wenn er darauf besteht, dass wir »Laken ziehen« bevor sie in den Wäscheschrank gestopft werden, bin ich auch dazu bereit.

BIRGITTA VON OTTER

Saubermachen kann man lernen, aber wie wird man zu jemandem, dem es Spaß macht zu putzen? Ich für meinen Teil bin von positiven Kindheitserlebnissen geprägt. Meine Mutter war ja nie eine Putzfanatikerin, aber sie hatte das große Glück, dass ihre Schwiegermutter es liebte, hart zu arbeiten. Oma Frida war eine Expertin, die neben vielen anderen Beschäftigungen auch noch bei den »besseren Familien« der Stadt putzte. Aber wenn sie sich zweimal im Jahr in den Zug zu uns setzte, um den Herbst- und den Frühjahrsgroßputz zu übernehmen, dann geschah das aus purer Lust und Freude. Sie trug Kopftuch und Kittelschürze und sang, wenn sie Läufer und Federbetten ausklopfte, Wände mit dem Mopp abstaubte und frisch gewaschene Gardinen bügelte. Für uns Kinder war es herrlich, ihren freudigen Eifer zu erleben und zu sehen, wie sehr Mama es genoss, dass man ihr die Arbeit abnahm. Die Besuche dauerten eine Woche, und jeden Tag waren viele Stunden angefüllt mit Plaudern und Schwatzen. Dann erfuhren wir alles über schnippische Damen in Kristianstad, über die schwarzen Schafe unserer Familie, über amazonenhafte Ahnmütter und Fridas wildes Leben.

Heute putzt Oma Frida nicht mehr selbst (sondern begnügt sich damit, über den Altenpflegedienst zu klagen, der offenbar unfähig ist, verschiedene Staubsaugerdüsen zu benutzen), aber ihr heiterer Schwung beim Saubermachen säte in mir die Lust am Putzen. Ich hoffe, dass es meinem Text und Lottas Illustrationen gelungen ist, diese Lust zu vermitteln.

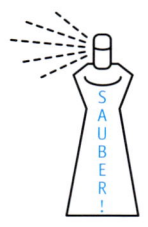

Notizen: